国外投融资体制研究／与／借鉴

INVESTMENT AND
FINANCING SYSTEMS:
INTERNATIONAL
EXPERIENCES
AND THEIR POLICY
REFERENCES FOR CHINA

林勇明 著

社会科学文献出版社
SOCIAL SCIENCES ACADEMIC PRESS (CHINA)

摘　要

本书从政府与市场关系、投资增长与结构变动、政府投融资体制、公共服务与产业投融资、利用外资政策、城市经济发展六个方面，全面介绍了以美国为主的一些国家在投资增长与投融资体制方面的发展历程、政策经验与相关做法，并在国际经验分析的基础上，提出了一系列针对性较强的研究结论与建议。

政府与市场关系对于投融资体制来说，是重要的制度基础，也是各国发展中的首要问题。本书第一章以美、英两国为例，对市场经济国家在处理政府与市场关系上的成熟经验进行了梳理总结，并就如何完善政府与市场关系这一主题，进行了一些理论概括与思考。

第二章对美国投资增长与结构变动进行了实证分析研究。主要选择了19世纪下半叶至20世纪50年代中期这一时期，对美国固定资产投资在总量、所有制结构、行业结构、资金来源结构、金融市场融资结构等方面的情况与变化趋势进行了总结分析。第三章对美国住宅房地产投资规模和结构的现状与相关历史数据进行了分析回顾，探讨了住宅投资在美国宏观经济发展中所起的作用，并对美国房地产泡沫产生的主要原因进行了剖析。

第四章对美、英等国家的政府投资（包括政府投资的增长趋势、政府投资占全社会投资比重、公共部门与私营部门投资的比例关系、政府投资主要投向、重点投入领域的变化趋势与特征等）进行了实证性的分析。第五章对国外地方政府融资的基本经验进行了归纳梳理。第六章进一步分析介绍了2008年金融危机之后，各国在财政资金与信贷资金配合使用方面的总体思路、经验做法。

第七章对有关国家公共教育投资的增长情况、教育经费来源结构及支出结构、各国教育投资的成效等进行了国际比较分析。第八章主要介绍了日本、澳大利亚、印度等国家在构建公平、高效率的公共卫生体系方面的相关经验。第九章分析了美、英等国在鼓励节能与可再生能源投资、推动节能与可再生能源技术应用与产业发展方面的相关经验。第十章分析总结了伴随老龄化进程，各国在推动养老产业发展、建立多层次养老服务体系方面的相关经验做法。

第十一章全面梳理了世界各国在利用与规制外资方面的经验与教训。由各国经验可以看出，外资进入往往有利有弊，应对其"利"加以鼓励、引导，对其"弊"加以限制、防范，以实现利用外资收益的最大化、成本风险的最小化。

最后一章（即第十二章）围绕大城市经济的发展规律，对纽约、伦敦、巴黎、东京、莫斯科、墨西哥城等大城市人均 GDP 超过 1 万美元后，在产业结构、消费结构、城市国际化进程、城市增长动力、城市空间布局、社会福利与公共服务、生态建设与环境治理等方面出现的阶段性变化特征、城市发展新问题，进行了全面的分析总结。

关键词： 固定资产投资　投融资体制　国际经验

Abstract

This book carries out a comprehensive introduction to the main countries' experiences in the aspect of capital investment growth and investment and financing systems. It consists of the following six parts: the relationship between government and market, investment growth and trend of capital formation by industries, the public investment and financing system, investment and financing policies for some selected public service sectors and industries, foreign investment regulatory framework, metropolitan development of the world major cities. In each part, based on the analysis of the international experiences, a series of research conclusions and the suggestions has been put forward.

The relationship between government and market is a primary issue in the development. So, the chapter 1 try to summarize the matured experiences of developed economies in dealing with the relationship between government and market, by selecting USA and UK as examples, followed by some theoretical thinking on the subject.

The chapter 2 has carried out an empirical analysis on the growth and structural change of capital investment in the United States in the period from the second half of the 19th century up to the 1950s, with detailed analysis on the development trends of capital investment in term of the total amount, structural change by industries and the sources of financing. The chapter 3 focuses on the residential real estate investment in US' economy, to review and analyze with relevant historical data, which probes into the real estate sector's role in the US' macro economy and the formation of the bubble in real estate market.

The chapter 4 focuses on government investment of a numbers of countries such as US and UK, with empirical analysis on the structural characteristics and changes of public capital formations. The chapter 5 is on the issue of regional government financing and it summarizes common experiences from the related practices of a number of countries. Chapter 6 carries out a further analysis on international experiences after the 2008 financial crisis on how to promote cooperation between government finance and credit funds to accelerate the economic recovery.

Chapter 7 carries an international comparative analysis on public funding and spending on the development of education. Chapter 8 introduces the experience of Japan, Australia, India in constructing a fair and efficient system of public health system. Chapter 9 is focusing on related experience of countries such as US and UK in encouraging investment on clean and renewable energy and on promoting energy saving technologies. Chapter 10 introduces international experiences on the development of aged people service systems to cope with the aging process of population.

Chapter 11 carries out a comprehensive review on foreign investment regulation policies from a variety of countries worldwide, in order to draw valuable references and lessons for China to improve its policy or regulatory framework in utilizing foreign investments.

The last chapter (chapter 12) carries out an in-depth analysis on the new situation of a city when it entered into a stage with per capita income above $10000. A number of metropolitans such as New York, Tokyo, London, Paris, Moscow and Mexican City have been chosen for the study, including the analysis on the trends for the industrial structure, changes in consumption tendency, the internationalization process and the spacial layout of the city, as well as the changes in public services provision for the city.

Keywords: Fixed Assets Investment; Investment and Financing System; International Experiences

目　录

第三部分 政府投融资体制

第四部分　公共服务与产业投融资

第五部分　利用外资政策

第六部分　城市经济发展

Contents

Part Ⅳ　Public Service and Industrial Investment and Financing

Part V   The Regulation for Foreign Capital

Part Ⅵ　Urban Economic Development

第一部分

政府与市场关系

第一章　美、英等国处理政府与市场关系的实践及启示

一　美国的政府－市场关系及其发展演变

(一)　美国经济体制常被看作自由市场经济的典型范式

美国经济创造了 200 多年来的持续繁荣，因此，美国的经济体制常被看作自由市场经济的典型范式。纵观美国的市场经济，其主要特点有以下一些。①崇尚市场效率，以自由企业制度为基础，强调市场力量的作用，每个人都有权利创办和经营自己的公司；只要依法登记，承担纳税义务，就可以成立新的企业。各州的公司法对企业注册几乎没有什么限制。②推崇企业家精神，强调个人主义与进取精神在自由竞争中的作用。③生产要素有较好的流动性，拥有一个得到宪法保护与促进的统一大市场，美国宪法有不少条款是以维护自由市场的运转为目的的。④自由企业制度的实行与政府治理行为的法治化，有效保障了美国在自由市场经济轨道上的加速运行。⑤持续增长的私人投资为美国经济发展提供了主要的动力源，私营部门的创新活动与生产率的提高保证了美国经济的持续蓬勃发展。

(二)　政府对市场的干预与规制经历了不同阶段的动态变化

美国曾经是英国的殖民地，但它在独立之后，经过 100 多年的

发展，在 19 世纪末 20 世纪初赶上和超过了英国，成为世界上实力最强的国家。① 美国在经济上赶超英国的历程可划分为三个发展阶段：起步阶段（从 1776 年建国到 1861 年南北战争）、加速阶段（1861 年至 19 世纪 80 年代）和实现阶段（19 世纪 80 年代至 20 世纪初）。

到了 19 世纪中叶，特别是 1860 年前后，美国自由市场的行为规则和运行模式已基本成型。19 世纪后半期，特别是在南北战争之后，美国迅速完成了工业化。这一时期，美国经济体制被认为是最接近"完全竞争"的市场模式。总体上，美国政府在经济中的直接干预活动较少，但在实现经济赶超中也起到了十分关键的作用。一是明确赶超战略和发展路径。根据当时的国情，美国出现了以托马斯·杰斐逊为代表的"农业立国"和以亚历山大·汉密尔顿为代表的"工业立国"两大派别，两大派别的对立以后者的胜利而告终。这种赶超战略的确定为美国经济发展指明了方向，成为美国成功的关键。② 二是确定产业政策。一方面美国政府通过鼓励技术工人移民、颁布专利法保护发明创造、简化公司开办手续、降低企业准入门槛等，鼓励人民从事工业生产；另一方面通过促进工业相关产业的发展，推动工业发展，主要措施包括推动农业资本主义、大力发展交通运输业、积极推动国家信用和银行业建立、积极推出贸易保护政策等。③ 三是以土地、税收政策引导私营投资。这一时期，美国国库还没有建立起现代的、借助于财政货币政策的宏观调控体制，而主要通过赠予土地、直接拨款和相应的税收政策来调节经济。④ 四是在不同的赶超时期，对贸易政策进行适时的调整：第一阶段

---

① 尹翔硕、尹翔康：《资本积累、模仿与创新——从美国和日本的经济发展看落后国家如何赶超》，《复旦学报》（社会科学版）2001 年第 4 期。
② 韩毅、张兵：《美国赶超经济史》，经济科学出版社，2006，第 252～253 页。
③ 韩毅、张兵：《美国赶超经济史》，经济科学出版社，2006，第 253～254 页。
④ 韩毅、张兵：《美国赶超经济史》，经济科学出版社，2006，第 259 页。

（1789 年至 19 世纪 20 年代末），为健全工业、积聚社会财力而实行贸易保护；第二阶段（19 世纪 30 年代初至 1860 年），为后发优势的更好发挥，降低关税；第三阶段（1861 年至 1921 年），为赶超英国，重新实行贸易保护。[①]

此后，美国一直保持这种领先地位至今，在崇尚自由市场经济体制的同时，美国政府在经济活动中的作用也日渐凸显。20 世纪 30 年代经济大萧条之后，以罗斯福实行"新政"为标志，美国政府对经济的宏观调节与微观规制开始不断加强。美国往往通过政府订货和采购来刺激投资和生产者，其中最主要的是军事采购。此外，政府也对某些有明显外部性的行业施加监管，如对能源、尖端技术、农业和环保等部门。20 世纪 30 ~ 60 年代，美国政府对企业的监管进入了全面发展和扩张时期。

而 20 世纪 70 年代以来，伴随"放松规制"（deregulation）的改革，美国政府 - 市场关系又经历了新一轮的调整。其主要原因是政府与社会各界逐步认识到：过度规制会导致市场不活跃、企业负担加重，降低受规制行业的经济效率，进而导致竞争力下降，并让消费者付出过多的成本。

这一时期，美国放松政府规制的改革措施主要包括：①1975 年美国政府取消了证券市场股票委托手续费的有关规定；②1978 年又通过了《航空业解除管制法案》，取消了"国内航空管理委员会"的大部分进入管制和价格管制；③此后，美国政府相继放开了在天然气价格、石油价格、汽车运输、铁路运输、电力电话设备、银行等领域的规制。

放松规制的改革给美国的经济发展注入了更多的活力，20 世纪 90 年代美国经济持续高速增长，虽有众多原因，但放松规制的改革

---

① 邹东颖：《后发优势与后发国家经济发展路径研究》，经济科学出版社，2009，第 115 ~ 119 页。

可以说是其中非常重要的因素之一。

（三）强调政府规制的边界及政府管理活动的法治化

就近期情况而言，美国政府的职能有的在加强，有的在削弱。正在加强的领域主要是保证公平竞争、法规规制、司法、提供公共服务及社会福利保障等方面的职能，有所削弱和放松的主要是除军工之外的生产部门。[①]

从总体上讲，美国政府的主要职能是制定经济政策、征税、提供社会保障（救济、福利、保险等）、促进社会公平、提供公共产品等，政府并不直接从事经济工作，不介入私营企业的具体事务。虽然美国的邮政、电信及铁路由政府直接经营，但并不以营利为目的。

美国有完善的保障市场经济正常运行的法律制度，为市场机制的自由运行及高效政府的治理活动，创造了规则化的秩序框架。政府对经济活动的管理与规制，主要是通过法律规范进行的。美国承袭了欧洲的传统，特别是英国的法律，以此来处理个人与政府、个人与个人之间的纠纷。美国有关经济的立法非常多。这些法律的制定与实施，旨在保证市场经济的正常运行，保护市场主体自由进入或退出，鼓励各种经济要素自由流动，保证平等竞争规则的贯彻和政府的调控与规制措施得以"规则化"地实施。

专栏 1

西方经济学关于投资管理与监管的主要理论观点

依据西方经济学理论，政府对投资的管理或规制是政府部门依据法律的授权，为保证市场公平与公共利益，针对各类投资主体的

---

① 辛晓维：《浅谈美国政府在市场经济中的作用》，《统计与预测》2001 年第 1 期。

投资活动，进行必要的规范、限制和约束的干预行为。从规制的手段来看，政府规制可分为以行政手段为主的直接规制和以法律手段为主的间接规制两种。从规制的内容来看，政府规制可分为经济性规制和社会性规制两大类。经济性规制主要是解决由自然垄断、过度竞争和信息不对称造成的问题，其适用范围主要在自然垄断和存在信息偏差的领域，政府部门将通过行政许可等手段，对企业投资的进入与退出、价格、服务质量等有关行为加以规制与约束。社会性规制则主要解决社会外部性问题（如环境污染、自然资源保护、公共卫生安全、消费者权益、劳动就业安全与健康福利等），政府部门将通过制定一定的标准，对企业的相关投资活动进行必要的约束与规范。

由于同时存在市场失灵与政府失灵，政府对市场主体的规制就如同一把"双刃剑"。因此，西方经济学理论关于投资管理与监管的主要论述，一是侧重于分析、论述政府监管的合理性，二是侧重于阐明政府监管的适度性与有效性。从合理性看，因为存在市场失灵，特别是私人投资在某些领域具有很大的外部性，造成社会边界成本远大于私人边界成本，所以需要政府对微观主体的投资行为进行必要的外部性监管，这就是政府监管存在合理性的经济学理由。从适度性与有效性看，因为存在监管中的政府失灵，所以政府的监管是要有边界的，为保证政府监管的效率，政府监管权限的制定与执行要纳入法治化轨道——监管权力的分权化、监管机构依法设立而相对独立是保证政府监管适度、高效、合理的重要前提。

（四）2008年"次贷危机"之后，美国的政府-市场关系又在经历着新变化

2008年"次贷危机"爆发引发全球金融危机，美国经济遭受重创，陷入严重衰退。2011年欧洲主权债务危机爆发，且呈现愈演愈

烈的态势，严重拖累了尚未摆脱金融危机的美国经济。所有这一切引起了人们对美式自由市场经济和新自由主义的强烈质疑。奥巴马入主白宫后，先是在就职仪式上公开表示政府干预与市场调节并不是完全对立的，认为政府不在大小，而在于能否起作用，能否提供更多的就业机会和医疗保障；市场没有好坏之分，市场具有创造财富、拓展自由的能力，而缺乏监管的市场会失去控制，偏袒富人不可能使国家持久繁荣。接着奥巴马采取了一系列反危机的经济刺激政策，同时对美国市场经济体制的主要方面也进行了重大调整，遂使美国市场经济体制发生重大变化，变化的方向是在以下几个方面不断强化政府对经济的干预：通过国有化方式救助金融机构和大公司，防止经济崩溃；实施产业政策，努力推动"再工业化"战略；积极推动医疗保险制度建设，国家在提供医疗保险方面承担更多的责任；政府出资大力支持新材料、新能源等新兴产业的发展，努力提升美国经济的竞争力；放弃贸易自由化政策，实施贸易保护主义。①

二　英国的政府－市场关系及其发展演变

（一）最早构建出现代市场经济制度，实现了"民富"与"国强"两者间的良性互动

15～16世纪的荷兰是全世界最先进的国家，纺织技术、生产能力都领先英国。18世纪60年代，英国掀起工业革命。19世纪初，英国赶超荷兰成为世界上第一个实现工业化的国家。

英国是最早建立现代市场经济体制、现代公共财政的国家。由于在制度上比其他国家领先，英国具有明显的发展优势。英国在实现赶超过程中，最早通过制度变革与创新找到了国家与公民、政府

---

① 何自力：《加强国家干预：美式市场经济在转型》，《红旗文稿》2013年第2期。

与市场间的合理边界，并形成两者间的良好互动，进而从制度根源上保证了经济的快速发展与繁荣。从英国的历史经验看，公共部门与私人部门间的良好互动，是现代市场经济建立、发展和完善的一个关键。

一般而言，保护全体公民机会平等地获得财产的权利，是市场经济的重要构成内容。但由于存在市场失灵的公共领域，通过公共财政有效提供公共物品，也需要一个强有力的政府部门。如果不恰当地行使政府权力，个人权利就会受到威胁；同时，如果过分强调后者，政府权力就会弱化，难以提供有效的公共服务。英国通过其现代市场经济制度的建立，兼顾了私人权利的保护与政府权力的强化，保证了两者间的良好合作。由此，一方面，能够激励私人部门通过生产活动实现财富的不断积累；另一方面，又能保证政府获得足够的税收，适度扩大用于非生产性公共服务的投入，反过来帮助私人部门奠定更好的发展基础。

这一时期的英国通过议会对财政的征收与使用进行组织与管理，能够保证税收"取之于民，用之于民"，由此增强了公民纳税的积极性，也保证了有足够的财富从公民手中转移到国家手中。1689 年后，英国的税收和国债都大为增加，税收占国民所得的比例从 3.5% 提高到 11% ~21%。

概言之，由于英国成功地架构了国家与市民社会间良好合作的契约与法治化关系，由此最早走出了"市民社会对抗国家"或"国家过度控制市民社会"的怪圈，成功实现了"民富"与"国强"间的平衡、互补与互动——"国强"为"民富"提供更好的公共服务支持，而"民富"则保证了"国强"可持续的根本。在这样的制度环境中，英国自然成为当时经济发展最快的国家。

（二）政府职能边界的定位重在"为"市场所不能"为"

英国私人资本所有制占绝对支配地位，这就决定企业享有比较充分的自主决策权，政府没有权力直接干预企业的经济活动。在英国，市场是经济活动的中心，企业是经济活动的主体。但是，和其他比较成熟的市场经济国家一样，英国当代的市场已经不是早年那种完全自由放任的市场，政府可以通过法律和经济手段来影响市场和企业行为。当然，作为信奉自由市场经济的国家，英国政府职能边界的定位主要侧重于"为"市场所不能"为"。

总的来说，英国政府与市场关系的总体架构体现在以下几个方面。首先，经过数百年的市场经济发展，英国已形成一整套约束企业和市场行为的规章制度。其次，英国有比较适合市场经济发展的宏观管理体制。此外，政府通过中央银行——英格兰银行管理外汇的职能，控制外汇交易，影响汇率，从而影响进出口。再次，英国也有具有自己特点的产业政策。最后，英国政府从两方面采取措施完善市场：一方面，政府加强引导，积极传播信息，弥补市场的不足；另一方面，政府从根本上转变职能，从繁杂的具体事务中解脱出来，将主要精力放在消除无效率的因素、促进市场完善和生产要素流动特别是劳动力流动上面。

（三）在保持基本制度框架稳定的同时，政府－市场关系也经历着动态演变

英国政府的职能演变大致经历了"市场至上"的自由主义时期—国家干预主义时期—放松政府管制时期—"第三条道路"时期的路径演化。

（1）"市场至上"的自由主义时期（20世纪30年代之前）。英国政府在实施其政府职能时，主要是充当"守夜人"角色的有限政府。

（2）国家干预主义时期（20世纪30~70年代）。在这一时期，英国政府实施"凯恩斯主义"的财政政策和货币政策，以直接或间接的方式加大了对经济生活的干预。经过了战后初期的初步发展，

20 世纪 60 年代成为英国经济计划化的兴盛时期。但总的来说，其计划实践并不成功，原因之一是经济政策缺乏连续性，使计划难以贯彻始终。战后工党和保守党轮流执政，工党倾向于国有化政策和经济计划，而保守党强调实行竞争性的市场经济和自由经济。两党政府的政策措施迥异，往往一届政府的长期经济政策效果尚未显现，就发生了政府更替，随之政策方向发生了根本改变。政府的反复变化，使计划的长期政策难以产生实效，计划的政策措施往往被应变性经济政策所代替。[①]

（3）放松政府管制时期（20 世纪 70~90 年代）。20 世纪 70 年代末，英国开始完全放弃宏观经济计划，进行了政府职能转变的改革，利用更多的民间组织来提供公共服务和公共产品。[②] 撒切尔执政时期大力推进私营化改革，主要措施包括：把国有企业私有化，出售公共住房；制定法律削弱工会力量，弱化工资刚性；在保留福利国家制度的前提下，发展私人部门福利计划，制定经济激励政策刺激工作人口选择私人部门养老金计划；降低失业人口在失业期间的待遇，鼓励人们积极寻找工作。总的来说，这一时期的英国经济改革减少了政府管制，提升了产品市场和劳动力市场的自由度，提高了资本形成的效率，增强了英国经济的总体竞争力。

（4）"第三条道路"时期（20 世纪 90 年代以来）。1997 年 5 月工党上台执政，基本承袭了保守党的宏观经济政策，出现了"二战"后首次不因政府更迭而大幅度改变经济政策的局面，保持了政策的稳定性与连续性。与此同时，英国政府正在进行静悄悄的变革——走"第三条道路"，用首相布莱尔的话来说，就是既不同于主张由国家控制、高税收、高支出和高福利的"老左派"，又区别于摒弃社会

---

① 李颖：《英国市场经济下的计划调控》，《商品与质量》2012 年第 S2 期。
② 雷成群、曾涓：《从"市场失败"和"政府失败"看英国政府职能的转变》，《华商》2007 年第 22 期。

和集体事业的"新右派",而是一条既保持传统价值又倡导"自由主义"的中间道路。

三　启示借鉴及思考

（一）完善政府与市场关系是各国发展中的首要问题，也是投融资体制的重要制度基础

从历史发展和现实经验看，政府和市场作为现代市场经济中两个不可或缺的部分，在促进经济增长和社会进步方面各自发挥着不同的作用，两者各有不可替代的作用，也各有自己的"失灵"。如何处理好这两者的关系，形成契合本国国情的政府与市场职能定位、互动关系是世界各国所面临的普遍课题，也是经济发展中所要面对与解决的首要问题。具体而言，这又关系到如何完善市场经济体制本身、如何在这两者间形成各自合理的边界范围、如何完善政府面向市场的治理体系与治理能力这三大课题。解决好这三大课题，政府与市场之间就能够形成合理的互补、互动关系，使政府成为"市场之友"，而非"市场之敌"。两者各安其位：市场在合理范围内发挥优化配置资源"无形之手"的作用，而政府在合理范围内以"有形之手"弥补市场的缺陷。

我们从世界各国的发展轨迹看，那些最先进入发达经济体行列的国家，无一例外，是最先较为完善地建立了现代市场经济体系的国家，同时这些国家的市场之所以有效，也是基于其政府在维护良好的法律环境、提供公共服务、管理外部性等方面是强而有力的。虽然这些国家在其发展历程中，各自形成了英美模式、莱茵模式与北欧模式等，但总体而言，基本符合"高治理能力政府＋完善成熟的市场"的模式特征。

此外，"二战"后成功从落后或中等收入国家和地区迈入发达经

济体行列的国家和地区（以日本为代表），也基本符合"强政府 + 强市场"的模式特征：以市场经济为基本制度，政府具有较强的社会经济治理能力及产业发展干预能力，政府与市场在发挥本国（或本地区）国际比较优势方面产生了"合力"效应，为经济持续发展、最终实现赶超奠定了经济制度的基础。

相反，我们可以看到，非洲及拉丁美洲等陷入低收入或中等收入陷阱的国家，往往一直没有很好地解决政府与市场的关系问题，导致政府 – 市场关系一直在"强政府、弱市场"或"弱政府、强市场"这两种状态中徘徊。以拉美国家为例，在"二战"后普遍采取了结构主义干预的发展战略，政府给国内进口替代型企业提供大量补贴，抑制了国内市场机制的完善与本国企业竞争力的提高，成熟的市场体系没有充分发展起来。其结果是在进入中等收入发展阶段后，当要素驱动型发展模式面临转型升级时，由于本国市场体系资源配置效率低下，出现了发展动能的断档期与比较优势的真空期，经济发展陷入长期性停滞。而此后在 20 世纪 80 ~ 90 年代，这些国家又先后转向一味放弃政府管制的新自由主义发展道路，在政府治理能力不足、国内市场体系又不能自我完善的情况下，仍难以有效摆脱增长低迷的发展陷阱。

（二）各国发展模式的演化需要根据自身国情而做到"因地制宜"

我们看到，由于历史条件不同、国情条件各异，各国以政府 – 市场关系为主轴的发展模式，呈现多元化的特征。纵观世界各国的市场经济模式，如英美模式、莱茵模式、东亚模式、拉美模式、东欧模式、印度模式等，彼此间既有共性，又有差异。即便是在同一模式类型的内部，两个国家间的发展模式与路径选择也不尽相同。这是因为各国在文化传统、发展阶段、制度基础、国家治理能力、外部环境等方面存在差异性，这些因素又都是影响政府与市场合理边界选择及运行方式的变量。因此，各国在选择发展模式或路径时，必然要考虑这些条件，因地制宜地确定与调整政府与市场关系的发展路径。

从文化传统看，经济活动是在一定的社会文化环境中进行的。无论是企业的市场行为，还是政府对市场的管理，都难以摆脱文化因素的潜在影响。一国的经济制度，往往也是在本国特有文化传统的"潜移默化"中形成与发展的。例如，不同的文化传统有着不同的"个人－集体""个人－国家"观念，会对政府的治理行为、企业的商业行为产生无形的影响与制约。因此，在儒家传统文化圈形成的东亚模式，难以被欧美国家所照搬。同样，建基于个人主义传统的英美自由市场模式，脱离了其文化渊源、制度环境的土壤，被照搬到国情不同的发展中国家，也难免会因"水土不服"而难以奏效。

从发展阶段看，一个经济体在不同的发展阶段上，公共品短缺的瓶颈领域及市场体系对政府公共服务的要求也会有所不同。因此，发展阶段也影响着适宜的政府－市场边界选择及政府治理体系的演变。比如，一个经济体在工业化中前期，经济发展的动力主要靠"要素投入"来实现，此时，基础设施的短缺是制约经济发展的主要矛盾，一个要素动员能力强的政府，将更能适应这一阶段的发展需要；而在步入工业化后期之后，伴随要素投入边界效益的递减、各种要素红利"拐点"的到来，经济发展动力转向以"全要素生产率"的提升来拉动，此时，政府的干预边界与治理模式也就应随新的发展阶段而及时调整，为市场主体的转型升级提供更适宜的制度条件。因此，从发展阶段看，政府与市场关系模式应随不同时期经济发展的内在要求而调整。

从外部环境看，政府与市场的互动往往并不是在一个封闭的经济体中完成的，外部因素也是影响政府－市场关系模式的重要变量。一个经济体所处的国际发展大环境及其对外开放度，也影响着政府合理边界的选择。对于后发国家而言，与先行国家相比，所面临的外部环境显然是不一样的，不考虑这一点而照搬其模式，就有可能陷入误区。同时，伴随近年来科技进步的加快、世界经济一体化的发展，大多数国家的经济开放度已今非昔比。在经济全球化的格局中，一国政府所面对的市场失灵已不单是来自国内的市场体系，还包括诸多外部因素（例如跨国公司日益独立于国家影响力之外）。经济全球化带来的机遇与挑战，既可以为发展中国家提供"后发优势"，也可能增加其经济发展的脆弱性。因此，对于发展中国家来说，首先，如何帮助本国企业部门实现"后发优势"，在国际产业竞争中占据有利地位，政府恰当的作用更加不可或缺。日韩等国的经验即表明，在后发国家融入全球竞争的环境中，政府对本国产业一味保护或一味放开，都不是最适宜的，恰当的产业政策与政府助力是帮助企业利用好"后发优势"的关键。其次，在经济高度开放的情况下，经济体产生系统性风险的诱因，也有许多来自外部环境，这对一国政府的宏观治理能力提出了更高的要求。如何保持一国经济在世界经济"大潮大浪"中平稳发展，也是一国在选择适宜的"两有模式"时所应特别考虑的目标因素。

从制度基础看，特定的政府－市场关系作为一种制度安排，也离不开原有制度条件的影响与制约。现有的市场发育程度、政府治理能力，在选择、调整政府－市场关系模式时，也需充分被纳入考虑之中。对于资源禀赋和经济发展水平相同的国家，其制度基础的差异也往往导致其选择不同的经济发展路径与经济增长方式。

如果一国的市场机制本身不够完善（即存在更多的市场失灵领域），政府的边界就应比市场机制更完善的国家更广更宽一些。从东欧等"转轨国家"来看，在经济转轨时期，往往会出现部分领域政府与市场作用"双真空"的状况，此时，"政府失灵"往往比"市场失灵"给宏观经济造成的伤害更大。对于这些国家来说，适当地加强政府作用，并不会弱化市场，反而能够保证经济发展与制度转轨更加顺利、平稳，从而为市场机制的完善创造更加有利的环境。

综上所述，我们可以看到政府与市场各自发挥强有力的作用，这是各国经济发展能够取得持续成功的普遍规律，但这并不意味着各国可以找到共同一致的政府－市场模式。对于后发与转轨国家而言，囿于文化传统、发展阶段、外部环境及制度基础等方面的不同，不能单纯照搬发达国家的最优模式，而是应根据自身的国情，找到适宜的市场边界、政府边界，并形成两者间的有效互动——政府作为制度供给的提供者"助推"市场体系的发育完善，市场作为制度供给的服务方"倒逼"政府治理能力的完善提升。

（三）政府与市场关系的演进是一个不断动态调整的历史过程

从各国经济发展的历史看，政府与市场力量之间有时呈现"此消彼长"的变化，有时则出现"彼此共荣"的态势，两者间常经历"平衡—不平衡—再平衡"的演进。在不同时期，政府干预与市场自由放任之间有着相当大的位移边界。这主要是因为，不同时期经济社会发展所面临的主要矛盾不同，政府和市场的关系定位，也需因时制宜地进行调整变化：针对发展的现实需要，在"市场失灵"与"政府失灵"之间，"两害相权，取其轻"。在经济发展经历一段自由放任时期之后，因政府监管不足造成经济秩序混乱，甚至引发经济危机，这时，"市场失灵"即成为经济社会发展中的主要矛盾，回归政府强有力的干预将变得"利大于弊"。相反，在经历了较长一段时间政府干预型发展模式之后，政府过度干预将很可能越来越影响到经济增长的活力，过度保护、政商联盟等抑制市场效率提升的现象使得"政府失灵"成为主要矛盾，此时，如何减少政府规制，释放企业的自由发展空间，就成为经济发展中亟待解决的首要问题，政府－市场关系向回归"有限政府"的方向调整，就更符合这一时期经济发展的现实需要。因此，比较成功的"两有模式"并不是僵化固定的，而是应具有一种"与时俱进"的自我调整、修复机制，既能保持基本模式的稳定，又能给予制度变革合理试错的空间，从而使本国的经济社会发展，在动态变化中，实现发展与稳定、活力与有序、效率与公平之间的总体平衡。

以美国经验为例，美国被公认为是最早产生政府规制制度的国家。尽管这个国家具有最强烈的个人主义、自由主义、地方主义的传统，但是它发展了一套十分完备而广泛的依法规制体系，政府的公共投入在诸多领域也发挥着广泛的作用。表面上看，美国是奉行自由主义市场经济的国家，但美国的经济体制却是一个典型的"强政府、强市场"的组合。比如，无论是冷战时期的太空计划，还是正在开展的"脑计划"，美国政府对科技创新的超前引领作用都十分突出，政府的科研投入和政府采购发挥了至关重要的先导作用。

从 19 世纪到 20 世纪 80 年代这 100 多年的较长历史时期看，美国的政府－市场关系经历了"放—管—放—放管结合"的演变。众所周知，在 20 世纪 30 年代之前，美国政府对经济和社会干预较少。20 世纪 30 年代经济大萧条之后，凯恩斯主义开始兴起，美国政府加大了对市场的干预力度。20 世纪 30 年代至 60 年代，美国政府对市场的规制与干预进入了全面发展和扩张的时期。但自 20 世纪 60 年代以来，美国政府的过度规制又令"政府失灵"逐步上升为主要矛盾，据统计，从 1964 年到 1974 年，美国的政府干预使私人企业承受的损失与负担增加了 50%。为解决市场活力下降、企业负担加重等问题，20 世纪 70 年代以来，美国政府开始推行"放松规制"的改革。经过一系列改革措施，美国"完全被规制行业"的生产总值占其国内生产总值的比例，从 1977 年的 17% 下降到 1988 年的 6.6%。放松规制的改革给美国的经济发展注入了更多活力，也是促成 20 世纪 90 年代美国经济持续高速增长的主要原因之一。但是，在 2008 年"次贷危机"之后，美国经济又不可避免地从过度自由化向中间点回归，开始适度加大政府对市场的管理与干预力度。

附录　美国政府对企业投资的管理

（一）联邦与地方政府管理职责的分工

在美国，市县一级政府是管理或监管企业投资的主体。一是因为企业投资涉及的外部性主要局限于"县域的范围"。二是由于选举机制的影响，市政府的职能取向也是以为辖区居民提供公共服务为主的。但是，对于涉及国家安全、产生跨区域外部性的项目，则需要获得联邦政府的批准。

（二）需要联邦政府审批的行业领域

依据美国中小企业管理局网站所列，在美国，需要向联邦政府申请许可的行业领域主要包括以下一些。

（1）农业。跨州进行动物、动物产品或生物技术产品的运输需要获得美国联邦农业部（U. S. Department of Agriculture）的许可。

（2）酒水饮料。生产、批发、进口、零售酒水饮料需要获得联邦政府的许可（主要是税收原因）。有关部门是美国联邦财政部的烟酒税收与贸易局（Alcohol and Tobacco Tax and Trade Bureau）。

（3）航空。包括飞机运营、航空客运与货运、飞机维修等，都需要从联邦航空管理局（Federal Aviation Administration）获得相关许可。

（4）枪械、军火与爆炸品。制造、交易与出口枪械、军火与爆炸品需要依据《枪支控制法案》获得联邦政府的许可。依法设立的管理部门是烟酒枪炮及爆炸物管理局（Bureau of Alcohol, Tobacco, Firearms and Explosives）。

（5）野生动物。从事野生动物相关的活动，包括野生动物及其衍生产品的进出口，都必须从美国鱼类与野生动物服务局（U. S.

Fish and Wildlife Service）获得许可。

（6）渔业。从事商业性渔业活动，需要从国家海洋与大气管理局渔业服务处（NOAA Fisheries Service）获得许可。

（7）海运。需要从联邦海事委员会（Federal Maritime Commission）获得许可。

（8）采矿、采掘业。在联邦土地上开采天然气、石油及其他自然资源，需要从海洋能源管理局（Bureau of Ocean Energy Management，Regulation and Enforcement）获得开采许可。

（9）核能。商用核能及燃料循环设施的生产者以及涉及核材料配送与处置的企业，都必须向美国核监管委员会（U. S. Nuclear Regulatory Commission）申请许可。

（10）广播电视。通过电台、电视台、有线电视、卫星电视等从事广播业的，需要从联邦广播通信委员会（Federal Communications Commission）获得许可。

（11）运输物流。运营超大型与超重车辆，需遵守联邦运输部（U. S. Department of Transportation）关于最大重量的规定指南，并向各自的州政府申请相关许可。

（三）地方政府的行政许可与审批事项

在美国，几乎所有的企业经营、投资都需获得各种形式的许可或准许。对于一个行业来说，所需行政许可，既有一般性的，也有行业专门性的。以钢铁工业领域为例，就有 27 个专门的法规。

为了让企业创办者便捷地了解许可内容与申请程序，美国中小企业管理局（SBA）提供了方便的网上搜索工具。通过打开网页上的相关链接，再输入所在地区的编号及行业类型，所有必须申请的许可与批准事项都可以在网上一览无余。

使用中小企业管理局（SBA）搜索工具的一个具体案例如下。

假设一个公司将在旧金山投资一个航空引擎与引擎部件制造的

项目，该公司需要获得的主要政府审批或许可如下。

（1）经营许可证。需要同卫生部许可证处、警察局许可证处、消防局许可证处三个部门联系，得到许可证后，再从市政厅税务局许可证部获得城市经营许可证。

（2）商业许可证。向市/县财政与税收部门申请。

（3）施工许可证。向市/县建筑主管部门申请。

（4）区域规划要求。工业与住宅项目必须符合市/县规划部门对地块的规划要求。

（5）开工建设与运营许可证。涉及可能导致污染的新开工建设或新设备安装，将现有已获准许的设备进行改造、迁移，控制排放的设备安装等，都需要向 AQMD（空气质量管理部门）提出申请。

（6）公司资产声明。向市政府"评估与登记办公室"申报。

（7）工业废水排放许可证。适用于向城市排水系统排放有害物的设施，需向市/县政府环境监管与管理局的公用设施委员会申请。

（8）有害物、废物生产许可证。项目如果涉及有害物与废物的产生与垃圾堆放，必须加入市/县公共卫生或环境卫生部的"有害物与废物计划"。

（9）其他需要的环境方面的准许手续还包括工业排水准许、废弃物排放准许，对于涉及产生、运输、处理或废弃有害物的企业，需要向州政府"有毒物质控制部"申请一个州的 EPA 代码。如果每月产生超过 100 吨的 RCRA 废弃物或是超出加州范围，则需要申请联邦的 EPA 代码。

（10）公共安全许可证。向市/县警察局申请。适用范围有娱乐场所、出租车、停车场、二手交易等。

（11）消防安全许可证。向市/县消防局申请。适用范围主要是各种公共设施及涉及有害物排放的企业等。

（12）测量仪器的检查。使用各种测量仪器仪表的企业，必须通过市/县公共卫生或环境卫生部的相关检查。

此外，在劳动保障方面，企业必须遵守相关的工作与劳动时间法规。监管部门是市政府的工业关系部。

（四）美国投资管理体制的特点及对我们的启示

1. 审批事项、流程与时限，有法可依，规范而明确

一是审批机构与审批事项明确。美国行政审批的管理机构根据各行业不同，一般都有一两个主管部门，其余的诸如环保、消防等则从属于该主管部门的审批。审批的事项与内容大都有明确的法规可依，需要申请的部门也是明确的，投资者可并行准备各项相关材料，同时向各部门申请相关许可。二是审批环节明确。以房地产项目审批为例，主要有总体规划审核、开发顾问委员会审核、现场规划审核、建筑设计审核、过程审核与所有权证书申请六个环节。其中的第1项至第4项是事前审批，第5项是事中审批，第6项是事后审批，由此构成了"各部门分工明确、审批流程清晰、事前与事后审批相结合"的完整审批程序。三是审批时限明确。通常政府部门对于项目的审批时限都有明确的规定，投资者在递交申请材料后，相关审批部门会根据项目特征向申请人预估审批时间。若审批中出现需延长时限的情况，相关部门也会提前通知投资者，以利于其修改项目计划、协调申报进程。

2. 管理手段实现常态化、多元化与现代化

"常态化"体现在事前批准与事后监管并重，事中、事后的规制，更是约束企业投资行为的重要因素。"多元化"体现在对投资者的审批、监管，分散于各个部门，同时行业协会等社会组织也广泛参与，对于有较大外部性的项目，公众的意见也会在很大程度上影响管理部门的决定。"现代化"主要体现在电子、网络手段的普遍运用，企业可以通过相关网站了解不同地区、不同行业投资项目所适用的相关法规与申请手续，甚至可以在网上直接完成相关的手续（比如，在建筑领域，各承包商、业主可把项目的各种数据资料直接输入计算机报给管理机构,管理机构直接从计算机中审批报建手续)。

3. 从美国经验来看成熟的监管体制的内在逻辑与好的监管体制的特点

从美国经验看,成熟、规范的投资监管体制的内在逻辑是:不是管你投不投,而是你如果投的话,一定要走所有这些必要的程序,该有的准许与许可一样都不能少,但也不会多出不必要的限制。企业无法超出法律范围来投资经营,但只要在法制范围内,就有着充分的自由;而好的政府监管应有三个特点:适度监管、高监管效率、低监管腐败。这三个特点的共同之处是"用户友好"——最好地服务于公众与投资者。

4. 对我国投资体制改革的启示

我国的市场经济体制改革才经历了不到40年,投资管理体制领域还存在诸多问题,主要表现在政府管理的越位与缺位并存、经济规制过度与社会规制不足并存。借鉴美国等国监管体制改革的经验,未来我国投资体制改革的主要内容也应围绕这三个方面展开:什么该放、什么该管起来、如何管得更有效率。未来的政府管理放权应主要在经济规制领域范围内,而在"改革放权"的同时,也要保证政府应有的社会规制职能的实现,也就是要保证"放管结合",且是适度并有效率的。这一切的关键是应将政府投资管理体制改革纳入长期制度性建设的轨道,不断提升政府部门依法规制的能力。在对政府的规制职能进行增、减的决策过程中,应对其进行"成本 - 收益"分析,建立可测评的政府规制成本 - 收益指标系统,从而为政府规制能力的提升提供基础。此外,未来应大力推动依法行政、电子政务的发展,实现政府审批事项、审批程序的法治化、公开化与查询便利化,实现跨层级、跨部门的信息共享整合,这将在很大程度上降低企业从事投资的交易成本,并有助于在此基础上清理不必要的不同层级间、部门间的重复规制。

第二部分

投资增长与结构变动

第二章　美国固定资产投资规模与结构的实证分析

19世纪下半叶至20世纪下半叶是美国实现大国崛起、从二流强国跃身为世界超级大国的一百年。这一时期，美国经济持续快速发展，经济与产业结构发生巨大转变，金融与资本市场空前发展。美国先后完成了对英、法等老牌帝国的赶超，逐渐成为世界的金融中心，也经历了20世纪30年代经济大萧条的考验以及"二战"战火的洗礼。因此，对这一时期美国固定资产投资的相关数据进行总结分析，了解美国固定资产投资在近百年的时间跨度中，在总量、所有制结构、行业结果、资金来源结构、金融市场融资结构等方面所发生的变化，对我国固定资产投资相关问题的研究，应该说具有很强的借鉴意义。

国内学者对于当代美国固定资产投资问题的研究成果相对较多，如王学武教授的《当代美国投资研究》一书，对美国近几十年的投资增长规模、结构、投资体制及相关政策问题，进行了较为系统全面的论述。但国内对于美国在上述这一时期固定资产投资的研究，则仍属空白，这也是本书选择这一时期美国投资作为研究对象的主要考虑。

一 1869～1955年美国资本形成的总量变动特征

从1869年到1955年，美国国民经济取得了巨大的发展，1946～1955年与1869～1878年相比，国民生产总值增长了9倍以上。同期，美国固定资产投资水平也取得了相当可观的增长。1946～1955年资本形成总额年均水平与1869～1888年相比，增长了8倍。平均每十年的增长率达到34.4%。

从年均固定资产投资水平看，1869～1898年，美国固定资产年均投资额（包括基建投资与生产设备投资两部分）为9.6亿美元（按1929年不变价格），1946～1955年达到113.6亿美元（按1929年不变价格），增长了近11倍。将美国GNP的长期增速与固定资产投资的长期增速相比较，可以看出：从长期趋势来看，美国固定资产投资基本保持了与国民经济总量大体相当的增长速度（见表2－1）。

表2－1 美国的经济增长与投资增长的长期波动

国民生产总值	低谷	高峰	低谷	高峰	低谷	高峰	低谷	高峰
年份	1873	1882	1893	1908	1916	1926	1934	1950
资本形成总额	低谷	高峰	低谷	高峰	低谷	高峰	低谷	高峰
年份	—	1875	1884	1902	1908	1924	1934	1950

我们将美国经济增长与投资增长各自波动周期中的高峰年份与低谷年份相比较，可以发现，在20世纪20年代以前，美国投资增长的周期对经济增长周期的影响有长达数年的时滞，投资增长的波动往往"先行"于经济增长的波动，有时甚至像是逆经济周期而波动，如19世纪70年代中期在投资达到高峰时，经济增长却正处于周期的低谷，而在19世纪80年代初期，经济增长达到高峰时，投

资增长却正陷于低谷。但在 20 世纪 20 年代以后，两者之间的波动则逐步趋于一致。

从资本存量（固定资产加净存货）来看，1869 年是 450 亿美元（按 1929 年不变价格），1955 年达到 11910 亿美元（按 1929 年不变价格），增长了 25 倍多。由于整个时期，美国总人口出现大量增加，因此，人均固定资产存量增加幅度要小得多，但也增长 5.4 倍多。特别是从 1869 年到 1929 年，六十年间人均固定资产存量增长了 3.4 倍多（见表 2 – 2）。

表 2 – 2　美国固定资产存量的变动

年　　份	固定资产总存量（亿美元）	人均固定资产存量（千美元）	劳动力均固定资产存量（千美元）
1869	450	1.12	3.52
1879	710	1.42	4.16
1889	1160	1.86	5.22
1899	1900	2.53	6.66
1909	2960	3.25	7.90
1919	4300	4.06	10.32
1929	6070	4.96	12.54
1939	7270	5.52	13.77
1946	8950	6.30	15.44
1955	11910	7.18	18.15

注：按 1929 年不变价格。

从资本形成率的变动情况看，从 1869 年到 1928 年，美国资本形成总额占 GNP 的比重基本在 20%～26% 波动，其中，1894 年达到最高值（26.2%）。而进入 20 世纪 30 年代后，由于遭遇经济大萧条，美国资本形成率水平也跌至低谷（1934 年仅有 13.9%）。进入 40 年代，特别是"二战"结束后，美国资本形成率水平又逐渐回升，1950 年达到 18.8%（见表 2 – 3、表 2 – 4）。

表 2 - 3　美国不同时期的投资率

单位：%

年　　份	资本形成总额占 GNP 比重
1869～1878	22.9
1879～1888	22.2
1889～1898	25.1
1899～1908	23.0
1909～1918	22.1
1919～1928	20.6
1929～1938	13.4
1939～1945	16.0
1946～1955	17.3

表 2 - 4　美国年度投资率（资本形成率）的波动周期

单位：%

项目	高峰	低谷	高峰	低谷	高峰	低谷	高峰
转折年份	1876	1884	1894	1917	1923	1934	1950
投资率	23.7	22.8	26.2	21.5	21.9	13.9	18.8

需要指出的是，由于资本消耗（折旧）的增长速度超过资本形成总额的增长速度，美国净资本形成额占资本形成总额的比例从1869 年到 1888 年的 58% 下降到 1846 年到 1955 年的 24%。换句话说，1869～1888 年，大约 1.7 美元的固定资产投资就能产生 1 美元的固定资产存量增加，而到了 1846～1955 年，大约 4 美元的投资额才能产生 1 美元的固定资产存量增加（资本形成总额－资本消耗＝净资本形成额＝期末资本存量－期初资本存量）。

从资本－产出比率看，除了 20 世纪 30 年代以外，美国不同时期的资本－产出比率（资本存量与 GNP 之比）在 4.5～6.0 波动，而边际资本－产出比率（资本存量变动与 GNP 变动之比）的波动幅度则较大（见表 2 - 5）。

表 2 - 5 美国的资本 - 产出比率与边际资本 - 产出比率

年　份	资本存量与 GNP 之比	年　份	资本存量变动与 GNP 变动之比
1869 ~ 1878	5.3	1873 ~ 1883	3.6
1879 ~ 1888	4.5	1883 ~ 1893	7.2
1889 ~ 1898	5.2	1893 ~ 1903	5.4
1899 ~ 1908	5.3	1903 ~ 1913	7.4
1909 ~ 1918	5.9	1913 ~ 1923	6.3
1919 ~ 1928	6.0	1923 ~ 1933	25.6
1929 ~ 1938	7.3	1933 ~ 1943	2.8
1939 ~ 1948	5.4	1943 ~ 1952	5.3

　　从投资与储蓄的关系看，上述时期美国固定资产投资资金主要来自私人储蓄。根据有关研究，20 世纪上半叶除战争时期和经济大萧条时期外，美国储蓄率的水平为 12% ~ 13%，私人储蓄贡献了其中的 8.5% ~ 9.1%，企业储蓄贡献了约 3%，而政府储蓄贡献了不到 1%。1899 ~ 1908 年和 1919 ~ 1928 年这两个没有战争影响的年代，美国私人储蓄占总储蓄的比重超过 70%，企业储蓄的比重为 21%，而政府储蓄的比重仅有 7% 左右（见图 2 - 1）。在受到战争影响的两

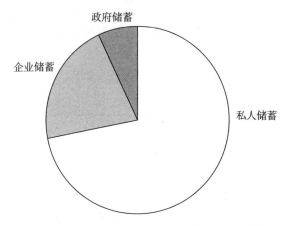

图 2 - 1 和平年份的美国储蓄来源结构

个时期（即 1909～1918 年和 1939～1948 年），由于政府储蓄出现负值，个人储蓄或是接近或是超过了净资本形成额。

二 按资本品种类划分的资本形成结构

对于资本形成结构，美国经济界通常是按照资本品的经济生命周期（即资本品的价值转化为最终产品而得以收回其成本的时间长度），将其划分为三类：一是基本建设（包括建筑物、道路和其他基础设施），其使用期通常长达几十年；二是耐用生产设备（包括机械、设备等），其平均使用年限也长达十年左右；三是净库存，往往在较短期限内被卖掉，或在进一步的装配中被使用掉。

从表 2－6 的数据可以看出，从 1869 年到 1955 年，美国资本形成结构中，净库存变动的比重总体呈下降趋势。扣除净库存变动部分，美国固定资本形成（即基建投资与设备投资相加）占总资本形成的比重 1869～1898 年为 91.5%，1899～1928 年为 86%，1929～1955 年为 93.4%。而在固定资本形成中，用于基建的投资份额呈不断下降之势（从 77.2% 下降到 45.8%）。相应地，用于生产设备的投资比重出现了相反的变化（从 22.8% 上升到 54.2%）。

表 2－6 按资本品种类划分的美国资本形成结构

单位：亿美元，%

年　　份	总资本形成				固定资本形成		
	年均总额	结构			年均总额	结构	
		基本建设	耐用生产设备	净库存变动		基本建设	耐用生产设备
1869～1898	46.8	70.5	21	8.5	42.8	77.2	22.8
1879～1908	72.9	68.2	22.9	8.9	66.4	74.9	25.1
1889～1918	102.6	62.5	25.2	12.3	90.0	71.3	28.7

续表

年　份	总资本形成				固定资本形成		
	年均总额	结构			年均总额	结构	
		基本建设	耐用生产设备	净库存变动		基本建设	耐用生产设备
1899～1928	137.6	57.4	28.6	14	118.4	66.7	33.3
1909～1938	144.2	55.0	33.3	11.7	127.3	62.3	37.7
1919～1948	183.2	45.9	43.7	10.4	164.2	51.3	48.7
1929～1955	239.0	43.1	50.3	6.6	223.2	46.1	53.9
1946～1955	329.8	41.5	49.2	9.4	298.9	45.8	54.2

注：按 1929 年不变价格。

从固定资产存量的变动趋势可以大体看出固定资产投资的变动趋势（扣除资本消耗比率的影响因素）。受到所能搜集到的数据的限制，本书在下面的研究中，主要用资本存量（capital stock）的变动来反映固定资产存量的变动。因为净库存变动所占比例较小，所以资本存量的变动大体反映了固定资产存量的变动趋势。

三　政府投资与私营部门投资的比例结构及净外资流入的变化趋势

从表 2 - 7 的数据可以看出，1900～1919 年，美国私营部门投资、地方政府投资、联邦政府投资（不包括军用固定资产）各自所占的份额变化不大，为 92.6∶6.2∶1.3。从 1920 年开始直到"二战"前这段时间，私营部门投资所占份额则持续下降，政府投资所占份额不断上升。在此之后，私营部门投资与政府投资所占份额又出现了相反方向的变化，逐步恢复到 20 世纪 20 年代的比例关系。

表2－7　私营部门投资、地方政府投资、联邦政府投资占总投资比重

单位：亿美元，%

指　　标		1900～1909 年	1910～1919 年	1920～1929 年	1930～1939 年	1940～1945 年	1945～1955 年
私营部门	资本形成总额	45.1	79.7	136.8	60.2	115.3	431.2
	比重	92.4	92.6	87.6	70.7	77.9	84.2
地方政府	资本形成总额	3.0	5.3	18.4	18.6	13.2	65.5
	比重	6.1	6.2	11.8	21.8	8.9	12.8
联邦政府	资本形成总额	0.7	1.1	0.9	6.4	19.5	15.6
	比重	1.4	1.3	0.6	7.5	13.2	3.0
资本形成总额总计		48.8	86.1	156.1	85.2	148	512.3

注：本表格中的数据为各年平均数，联邦政府资本形成总额不包括军用固定资产投资部分。

　　从政府投资内部结构看，联邦政府投资在 20 世纪 30 年代之前所占份额一直很小，但在 30 年代出现明显的增长，所占份额从 20 年代的 0.6% 上升到 7.5%。"二战"时期更是增长迅猛，其资本形成份额（不包括军用固定资产）达到 13.2%，超过了地方政府。但在战后的 1945～1955 年，联邦政府投资又回落到约 3% 的水平。因此，从和平年份看，美国政府投资主要是由州及州以下地方政府承担的。

　　从私营部门投资内部结构看，美国国内资本形成总额中，个人（家庭）所占份额有不断下降之势，而企业投资所占份额则长期保持稳定，在 67%～72%（见表 2－8）。

表2－8　美国资本形成的所有制结构

单位：%

年　　份	总资本形成（不包括军事）		
	个人	企业	政府
1889～1918	21.5	71.5	7.1
1899～1928	21.0	70.1	8.9

续表

年　　份	总资本形成（不包括军事）		
	个人	企业	政府
1909～1938	19.2	66.9	13.9
1919～1948	16.9	67.3	15.9
1929～1955	14.9	68.8	16.3
1946～1955	15.8	71.9	12.5

注：按 1929 年不变价格。

从净资本流入的变化趋势看，自 19 世纪末期开始，除了"二战"时期及 20 世纪 30 年代经济大萧条时期，美国基本上成为资本净输出国，也就是其国内资本形成基本不需要依靠净资本流入。"一战"时期，是美国向外借贷及在美外国资本向母国回流大量增加的时期。整个 30 年代，由于平均每年有 1.63 亿美元的美国海外资本回流，这一时期是各个时期中净资本流入最大的时期（年均 4.6 亿美元）。在"二战"时期，外国在美资本虽大量增加，但美国对盟国的单边援助也大量增加，因此，净资本流入年均仅有 1.7 亿美元（见表 2－9）。

表 2－9　美国净资本流入的变化

单位：百万美元

年　　份	美国海外资本（流入：＋，流出：－）	外国在美资本（流入：＋，流出：－）	净资本流入
1850～1873	—	42	42
1874～1895	—	45	45
1896～1914	－53	105	52
1915～1922	－1630（其中政府：－1191）	－269	－1899
1923～1928	－973	470	－503
1929～1940	163	297	460
1941～1945	－490（其中政府：－394）	660	170
1946～1955	－167	－1447	－1614

四 固定资产投资的行业结构

(一) 按四大产业部门划分的投资结构变动

1. 农业部门的固定资产投资基本保持稳定

尽管美国农业产出额占四大部门总产出额的比例从 1880 年的 35.8%下降到 1948 年的 10%,但同一时期美国农业部门固定资产投资的增长仍相对稳定。其净资本形成额占四大部门资本形成总量的比重从 1880 年到 1890 年的 12%,上升到 1890 年到 1922 年的 16.8%,而后又下降到 1922 年到 1948 年的 12.4%。

2. 采掘业投资先升后降,出现大起大落的趋势

1880~1890 年,采掘业净资本形成额占四大部门资本形成总量的份额是 6.5%,而后上升到 1890~1922 年的 9.5%。因此,可以说,这两个时期是美国采掘业投资高增长的时期,其结果是采掘业资本存量份额(占四大部门总资本存量的比重)从 1880 年的 1.8%,上升到 1922 年的 6.8%。但在 1922~1948 年,采掘业投资增长过于缓慢,净资本形成额仅有 0.6 亿美元,使得其资本存量份额又下降到 5.1%。

3. 制造业投资持续高增长

自 1880 年以来,美国制造业固定资产投资持续保持高增长,其净资本形成额占四大部门资本形成总量的份额不断上升,结果是制造业建筑与设备的资本存量占四大部门总资本存量的份额从 1880 年的 9.1%上升到 1948 年的 33.5%。制造业投资与产出增长之间表现出很强的相关性。从 1880 年到 1948 年近 70 年间,美国制造业产出额增长了近 14 倍,而制造业的总资本存量增长了近 18 倍。

4. 公用事业投资份额稳步下降

1880 年公用事业资本存量所占份额曾高达 57.2%,但此后其净

资本形成额所占比重不断下降，特别是 1890～1922 年，降幅较大，使其资本存量份额持续下降，至 1948 年下降到 43.6%。而公用事业产出份额则从 1880 年的 4.9% 增加到 1948 年的 15.4%。与其他三大部门资本 – 产出比率下降或上升幅度较小的情况不同的是，公用事业的资本 – 产出比率出现了大幅的下降，从 1880 年的 23.6 下降到 1948 年的 2.5（见表 2 – 10、表 2 – 11、表 2 – 12、表 2 – 13）。

表 2 – 10　美国资本形成的行业结构（按 1929 年不变价格）

单位：亿美元，%

年　　份	农业		采掘业		制造业		公用事业	
	净资本形成额	比重	净资本形成额	比重	净资本形成额	比重	净资本形成额	比重
1880～1890	22	12	12	6.5	57.6	31.4	91.8	50.1
1890～1922	65.6	16.8	37	9.5	144	36.9	144.1	36.9
1922～1948	32.1	12.4	0.6	0.2	127.4	49.2	99	38.2

注：①表中数据不包括政府投资。②每个时期的净资本形成额是由期末的固定资本存量减去期初的固定资本存量而得到的，如 1880～1890 年净资本形成额＝1890 年 6 月 1 日固定资本存量 – 1880 年 6 月 1 日固定资本存量。③公用事业主要包括铁路运输、电力、电信、城市交通等需要政府规制的行业。

表 2 – 11　美国资本存量的行业结构（按 1929 年不变价格）

单位：亿美元，%

日　　期	农业		采掘业		制造业		公用事业	
	资本存量	比重	资本存量	比重	资本存量	比重	资本存量	比重
1880 年 6 月 1 日	65.7	31.9	3.7	1.8	18.8	9.1	118	57.2
1890 年 6 月 1 日	87.7	22.5	15.7	4.0	76.4	19.6	209.8	53.9
1922 年 12 月 31 日	153.3	19.6	52.7	6.8	220.4	28.2	353.9	45.4
1948 年 12 月 31 日	185.4	17.8	53.3	5.1	347.8	33.5	452.9	43.6

注：表中数据不包括政府投资。

表 2 -12 四大部门的产出结构（按 1929 年不变价格）

单位：亿美元，%

年　　份	农业		采掘业		制造业		公用事业	
	产出额	比重	产出额	比重	产出额	比重	产出额	比重
1880	55.3	35.8	3.5	2.3	88.2	57.1	7.6	4.9
1890	89.9	24.7	11.3	3.1	231.8	63.6	31.6	8.7
1922	105.5	14.4	25.6	3.5	505.7	69.0	96	13.1
1948	180.2	10.0	58.1	3.2	1281.2	71.3	276.5	15.4

表 2 -13 四大部门资本 - 产出比率

日　　期	农业	采掘业	制造业	公用事业	四大部门总计
1880 年 6 月 1 日	1.74	1.68	0.78	23.60	2.98
1890 年 6 月 1 日	1.51	2.21	1.26	10.04	2.65
1922 年 12 月 31 日	2.28	3.29	1.58	5.65	2.73
1948 年 12 月 31 日	2.02	1.47	0.98	2.50	1.57

5. 四大部门资本形成、产出以及资本 - 产出比率的变动呈现不同的特点

从表 2 - 12 的数据可以看出，1880 ~ 1948 年，美国农业部门的产出份额呈稳步下降之势，而制造业与公用事业的产出份额持续上升，采掘业的产出份额以 1922 年为拐点，先升后降。因此，如果四大部门的资本 - 产出比率大致相同的话，其固定资产增量（净资本形成额）也应呈现大致相同的变动轨迹，即制造业与公用事业的份额持续稳步上升，农业的份额稳步下降，采掘业的份额先升后降。从表 2 - 10 的数据可以看出，制造业与采掘业净资本形成份额的变动趋势确实如此，农业部门的净资本形成份额基本保持稳定，公用事业的净资本形成份额非但没有呈上升之势，总体来看反而有明显的下降。可见，公用事业的资本 - 产出比率与农业部门的资本 - 产出比率的变动轨迹截然不同，而这两者又都有别于制造业与采掘业的资本 - 产出比率变动的情况。

（二）采掘业与制造业内部各分支行业的投资变动

1. 采掘业各分支行业

从表 2 – 14 的数据可以看出，在采掘业各分支行业中，石油天然气开采业的固定资产投资一直保持高增长，其资本存量占采掘业资本总存量的份额从 1870 年的 10% 左右上升到 1890 年的 26.7%，到 1940 年进一步上升到 69%，其后基本保持不变（1953 年为68.3%）。其他非金属开采业的资本存量自 1890 年之后，也是持续稳步增长，但增幅远小于石油天然气开采业。金属、无烟煤、烟煤开采业的资本存量在 1919 之前均保持持续增长之势，但在 1919 ~1940 年都出现了负增长。金属和烟煤开采业的资本存量在 1940 ~1953 年出现了小幅的回升，而无烟煤开采业的资本存量在 1940 ~1953 年仍继续负增长。

表 2 – 14　美国采掘业各行业资本存量（不包括土地）的变动（按 1929 年不变价格）

单位：百万美元

行　　业	1870 年	1890 年	1919 年	1940 年	1953 年
金属开采业	37.4	357.6	1004.4	797.3	1016.1
无烟煤开采业	39.8	117.5	241.68	148.0	103.0
烟煤开采业	31.9	118.7	1036.3	752.2	968.8
石油天然气开采业	12.3	245.7	3135.1	4635.3	5554.0
其他非金属开采业	—	82.4	184.5	386.3	488.6
总计	121.4	921.9	5601.98	6719.1	8130.5

2. 制造业各分支行业

从各年份资本存量变化所反映出的趋势看，在制造业各行业中，金属及金属制品业、炼油业、化工业是投资增长最快、增幅最大的三大产业（见图 2 – 2）。其次是食品饮料业，也保持了长期平稳快速的增长。

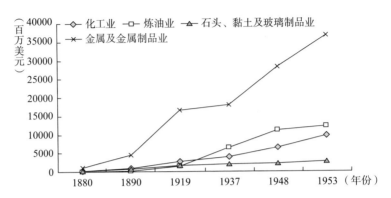

图 2-2　美国冶金、化工、炼油等行业的资本存量变化趋势

从表 2-15 可以看出，1953 年金属及金属制品业资本存量是 1880 年的 36 倍多（增长 35 倍多）。其中，钢铁与有色金属业增长近 23 倍，机械制造业（除交通设备外）增长 32 倍多，交通设备制造业则增长了数百倍。但在 20 年代及 30 年代上半期，除交通设备外，金属及金属制品业投资增长也相对低迷。化工业资本存量从 1880 年到 1919 年，增长了 12 倍多，从 1919 年到 1953 年，又增长了 249.6%。炼油业资本存量从 1880 年到 1919 年，增长了 36 倍多，从 1919 年至 1953 年，又增长了近 8 倍。

在其他行业中，橡胶制品业、造纸业的资本存量在整个时期内，一直保持着长期平稳增长的势头。印刷业资本存量在 1937 年之前一直稳定增长，但在 1937 年后，增长几近停滞。皮革制品业资本存量在 1919 年之前增长平稳，但在此之后则长期增长迟缓，甚至出现负增长。纺织业和木材加工业在 1919 年之前，一直保持较快的投资增长速度，但在 1919~1937 年经历了一定的下滑，1937 年后，其资本存量又开始平稳上升。

从 1953 年各行业资本存量占制造业总资本存量的份额来看，美国制造业固定资产存量规模最大的几个行业依次为：钢铁与有色金属业（14%）、机械制造业（除交通设备外，13.9%）、食品饮料业（13.1%）、炼油业（12.5%）、化工业（9.8%）、交通设备制造业

（9.4%）、纺织业（7.9%）。

表 2 - 15　美国制造业各行业资本存量的变动（按 1929 年不变价格）

单位：百万美元

行　　　业	1880 年	1890 年	1919 年	1937 年	1948 年	1953 年
食品饮料业	907.2	3736.7	7643.2	9173.0	10478.4	12978.1
纺织业	933.9	3134.0	6725.9	5657.3	6925.5	7824.3
皮革制品业	324.2	894.3	1409.0	815.4	823.3	811.4
橡胶制品业	10.0	74.0	702.3	816.8	1426.4	1652.9
木材加工业	839.8	2850.3	3143.6	2541.9	2912.7	3244.4
造纸业	90	454.2	1526.0	2064.2	2463.9	3061.5
印刷业	144	801.0	1561.0	2497.8	2570.3	2611.7
化工业	205.9	870.5	2766.4	3977.9	6518.9	9672.6
炼油业	37.0	195.5	1383.2	6519.0	11153.5	12328.0
石头、黏土及玻璃制品业	156.0	743.9	1679.2	1978.8	2134.9	2631.7
金属及金属制品业	1017.4	4496.1	16567.1	18026.1	28292.9	36793.6
其中：①钢铁业	472.8	1577.4	6740.7	6696.3	9683.1	13891.1
②有色金属业	115.2	648.8	1806.7	2350.8	2500.4	
③机械制造业（除交通设备外）	415.3	1923.3	5583.8	5264.9	10305.9	13798.8
④交通设备制造业	16.8	336.8	2468.0	3654.3	5650.9	9315.5
总计	4851	18545.6	45991.8	55268.4	78155.6	99014.4

五　企业投资的资金来源结构

（一）企业投资的内部融资结构变动

19 世纪末至 20 世纪 50 年代中期，美国企业资本折旧费占资本形成总额的比重、总的自留资金占资本形成总额的比重呈长期上升的趋势，但公司储蓄在净资本形成中的比重并未出现长期上升的趋势。如果只考察没有受到战争与经济大萧条影响的年代，即 1987 ~ 1914 年、1920 ~ 1929 年和 1946 ~ 1956 年这三个时期，可以看到，美国企业资本折旧费占资本形成总额的比重从第一个时期的 39% 上升到第二个时期的 56%，而后又上升到第三个时期的 60%。而同时期，美国企业总的自留资金占资本形成总额的比重分别为 72%、84%、81%，也显示了长期上升的趋势，但这种上升的趋势略有波动（见表 2 - 16）。这三个时期，企业利润留成（未分配净利润）占资本形成总额的比例分别是 33%、28%、21%，呈略有下降的趋势。因此，可以判断，内部资金来源渠道在美国企业资本形成中的比重上升主要是由资本折旧比率的上升造成的。同期，美国采掘业与制造业公司自有资金来源及其内部结构的变化大体上与上述所有公司总体变动的趋势一致。此外，值得指出的是，30 年代受经济大萧条的影响，内部融资几乎成为美国非金融企业唯一的资金来源渠道，1930 ~ 1933 年，美国非金融企业的外部资金来源是 - 48 亿美元，而随后的 1934 ~ 1939 年，也仅有 7 亿美元（见表 2 - 17）。

表 2 - 16　美国企业投资来源中公司自留资金的变动趋势
（包括所有公司）

单位：亿美元，%

年　　份	资本形成总额	资本折旧费	储蓄（净自留资金）	总的自留资金（折旧费 + 储蓄）	资本折旧费占资本形成总额的比重	总的自留资金占资本形成总额的比重
1897 ~ 1904	120	41	49	90	34	75
1905 ~ 1914	243	101	70	171	42	70
1915 ~ 1919	234	130	98	228	56	97
1920 ~ 1929	724	404	204	608	56	84

续表

年　份	资本形成总额	资本折旧费	储蓄（净自留资金）	总的自留资金（折旧费＋储蓄）	资本折旧费占资本形成总额的比重	总的自留资金占资本形成总额的比重
1930～1934	122	197	－169	28	161	23
1935～1939	222	190	－41	149	86	67
1940～1945	353	285	172	457	81	129
1946～1949	716	328	236	564	46	79
1950～1956	1850	836	461	1297	45	70
1946～1956					60	81
长期趋势						
1897～1914	363	142	119	261	39	72
1915～1939	1302	921	92	1013	71	78
1940～1956					63	88

表2－17　美国企业内、外部资金来源比例关系的变动趋势（所有非金融公司）

单位：亿美元，%

年　份	所有资金来源总计	资本形成总额	内部资金来源	外部资金来源	资金净使用	内部资金占所有资金来源的比重	外部资金占资金净使用的比重
1901～1912	400	261	221	179	266	55	67
1913～1922	761	494	460	301	505	60	60
1923～1929	861	511	471	390	540	55	72
1930～1933	－7	52	41	－48	－214		
1934～1939	289	260	282	7	－25	98	
1940～1945	754	409	605	149	388	80	38
1946～1949	1106	823	713	393	769	64	51
1950～1956	2548	1924	1420	1128	1714	56	66

（二）企业投资的外部融资结构变动

一般而言，企业的外部资金或是通过发行股票或是通过向外借贷而获得，即企业外部融资可分为股权融资与债权融资两种。在债权融资中，按债权期限又可分为中长期借贷与短期借贷。同时，要分析企业的外部融资机制，还应区分资金直接从所有者流向使用者，或资金由所有者先流向金融机构，再由金融机构选择借贷者这两种不同的融资方式（即直接融资与间接融资）。因此，考察美国企业投资外部融资结构的长期变动趋势，需要将分析重点放在股权融资比重、中长期借贷与短期借贷的比例关系、金融机构的融资份额这三个方面。

1. 股权融资比重

20 世纪以来，股票发行在美国企业外部融资中所占的份额并不稳定。如果只考察没有受战争与经济大萧条影响的几个时期，可以看到，在 20 世纪初期（1901～1912 年），股票融资的份额是 31%，而后在 1923～1929 年上升到 43%，但在"二战"后的十年中，下降到 15%。股票融资份额的变化，可能有以下两个原因：一是长期外部资金来源在企业所有外部资金来源中的比重发生变化，二是股票在长期外部资金来源（还包括债券、抵押贷款等）中的重要性发生了变化。

从表 2-18 的数据可以看出，首先，长期外部融资占所有外部融资份额的变动与上述股票融资份额的变动趋势大体一致，在 20 世纪初期（1901～1912 年）是 82%，1923～1929 年上升到 91%，"二战"后又下降到 50%。其次，股票发行占长期外部融资份额总体呈向下波动之势；同期，债券融资比重相对上升，如战后十年，净债券发行首度大幅度超过股票发行。还有，值得一提的是，在经济大萧条时期，股票发行成了美国企业唯一的外部融资渠道（因为，这一时期，债券发行与抵押贷款，都是负值）。

表 2 – 18　1901 ～ 1955 年美国企业外部资金来源结构
（所有非金融公司）

单位：亿美元，%

年　份	股票发行	债券发行	抵押贷款	长期外部融资	短期外部融资	所有外部融资总计
1901 ~ 1912	56	82	8	146	32	178
1913 ~ 1922	85	65	26	176	126	302
1923 ~ 1929	167	122	64	353	37	390
1930 ~ 1939	54	– 3	– 10	41	– 82	– 41
1940 ~ 1945	35	– 38	0	– 3	153	150
1946 ~ 1955	198	357	84	639	650	1289

年　份	股票发行占所有外部融资份额	债券发行占所有外部融资份额	长期外部融资占所有外部融资份额	股票发行占长期外部融资份额
1901 ~ 1912	31	46	82	38
1913 ~ 1922	28	22	58	48
1923 ~ 1929	43	31	91	47
1930 ~ 1939				132
1940 ~ 1945	23			
1946 ~ 1955	15	28	50	31

　　从最有代表性的工业企业（采掘业与制造业企业）的外部融资结构看，股票发行在企业外部融资结构中的这种波动趋势，表现得尤为明显（见表 2 – 19）。1920 ～ 1929 年，工业企业净股票和净债券发行所占份额分别为 72% 和 26%，但在 1946 ～ 1953 年，则分别是 15% 和 25%，工业企业外部融资表现出更依赖债券融资的特点。

表 2 – 19　采掘业与制造业企业的外部融资结构（取各年平均数）

单位：百万美元，%

年　　份	净股票发行	净债券发行	所有长期外部融资	所有外部融资	股票融资份额	债券融资份额
1900～1914	172	142	314	342	50	42
1914～1919	410	78	488	1435	29	5
1920～1929	641	228	869	888	72	26
1929～1937	259	−249	10	11		
1937～1945	133	−26	107	1126	12	
1946～1953	750	1281	2031	5078	15	25

注：股票融资份额、债券融资份额分别指净股票发行、净债券发行占所有外部融资的比重。

股票融资在企业外部融资结构中的比重下降，可能是由于股票融资与债券融资在企业外部融资结构中的比例发生了变化，也可能是由于上市公司与非上市公司的融资比例发生了变化（由于债券发行可能是大多数中小企业外部长期融资的唯一渠道）。

2. 中长期借贷与短期借贷的比例

从几个正常年代看，短期借贷占全部非金融企业外部融资额的比重：在 1901～1912 年是 18%，而在 1946～1955 年上升到 37%，可以看出有长期上升的趋势。采掘业与制造业企业短期借贷的份额表现出了十分相似的变动轨迹：在 1901～1912 年是 43%，而在 1946～1955 年上升到 66%。因此，可以说，所有非金融企业短期借贷占外部融资份额的这种上升趋势，主要是由采掘业与制造业企业引领的。

由于企业内部资金主要用于固定资产投资，因此，其短期资产（库存及金融资产）变动与其外部融资资金之间比率的变化，可能是导致其短期借贷比重变化的一个主要因素。根据表 2 – 20 的数据，我们可以基本印证这一判断。因为，比较两者的变动趋势，可以看出明显的相似性。

表 2 - 20　短期资产变动占企业外部融资额的比重及短期借贷占
企业外部融资额的比重（所有非金融公司）

单位：亿美元，%

年　份	短期资产变动	企业外部融资额	短期资产变动占企业外部融资额的比重	短期借贷占企业外部融资额的比重
1901~1912	114	400	29	18
1913~1922	389	761	51	42
1923~1929	327	861	38	9
1930~1939	-422	283		102
1940~1945	505	754	67	32
1946~1955			73	37

再比较中长期借贷与短期借贷在全部企业借贷融资中各自所占的比例：在 1901~1912 年两者之间的比例关系是 73：27，在 1923~1929 年是 21：4，而在"二战"后十年，则是 53：47。可以看出：相对于短期借贷比重在波动中有所上升，中长期借贷比重则呈现波动中向下降的趋势。

3. 金融机构融资份额及金融市场内部结构的变动趋势

首先，从金融机构融资份额来看：金融机构在商业企业外部融资及其全部融资中所占的份额在 30 年代前，基本比较稳定，而在"二战"后，有明显的上升势头。金融机构在全部融资中的份额在 1913~1922 年和 1923~1929 年均为 16%，而在"二战"后（1946~1955 年）上升到 22%，上升了 6 个百分点（见表 2 - 21）。

表 2 – 21　金融机构在商业企业外部融资及全部融资中所占的份额

单位：%

指　标	1901~1912年	1913~1922年	1923~1929年	1930~1939年	1940~1945年	1946~1955年
金融机构在外部融资中的份额	48	39	40	33	11	61
金融机构在全部融资中的份额	20	16	16	—	1	22

　　其次，我们根据不同金融机构资产份额的变化（见表 2 – 22），来考察美国同时期金融市场内部结构的变化，可以发现以下几个显著特点。一是商业银行、储蓄银行和个人信托机构的资产份额呈现明显下降的趋势。商业银行、储蓄银行份额的下降导致整个银行业份额从 20 世纪前二十年的超过 60% 下降到 "二战" 后的不到 40%。二是私人人寿保险公司、私人非保险养老基金、政府基金的份额显著上升，从而使整个保险业的份额从 30 年代前的 15% 左右上升到 "二战" 后的接近 40%。三是各类政府金融机构的份额呈总体上升之势。联邦储备银行、政府基金和政府借贷机构加起来的份额从 1911 年到 1920 年的 9.9%，上升到 1946 年到 1955 年的 21.8%。政府金融机构份额的上升，从一个侧面反映了同时期美国政府在经济生活中的作用明显增强。美国大企业的长足发展及其财力的显著增强，累进收入税使得高收入阶层更倾向于将新增财富用于直接的股权投资，这或许是造成银行业重要性下降的一个主要因素。而随着国民经济发展阶段的提升、收入分配格局更趋公平，中低收入群体的收入增加对个人储蓄 "蓄水池" 的贡献度不断提高，而这部分群体的特定理财倾向，是人寿保险、养老和退休保险、储蓄和贷款合作社等金融机构蓬勃发展的主要推动力。

表 2 – 22　各金融机构资产变动占金融机构总资产变动

单位：%

机构	1901～1910年	1911～1920年	1921～1930年	1931～1940年	1941～1945年	1946～1955年
联邦储备银行	0	9.3	0.3	41.5	14.4	2.6
商业银行	54.1	44.9	28.1	0.3	52.0	18.4
储蓄银行	7.3	4.7	5.1	10.2	3.9	5.7
储蓄和贷款合作社	2.3	3.1	6.9	-6.2	1.8	10.6
私人人寿保险公司	13.3	8.0	13.7	37.2	8.9	17.1
私人非保险养老基金	0	0.2	0.6	1.5	1.1	4.4
政府基金	0	0.3	2.0	14.8	10.7	11.6
意外险公司	2.3	2.3	3.6	0.3	1.6	5.1
抵押公司	0.9	0.3	0.3	-1.2	-0.1	0.6
土地银行	0	1.7	1.4	1.5	-0.7	0.1
政府借贷机构	0	0.3	0.0	21.8	-0.7	7.6
投资银行	1.8	5.4	20.1	-37.5	1.6	5.2
个人信托机构	18.3	19.2	18.0	15.4	5.5	10.9

六　几点结论

从对美国固定资产投资总量与结构变化趋势的分析中，我们可以得出以下几点简要结论。

（1）从美国经验看，固定资产投资增速与国民经济总量增速具有很强的相关性。但投资增长的波动周期可能与经济增长的波动周期不一致，因此，通过实证研究，找出我国投资增长波动与经济增长波动之间的相互关系，对未来投资调控政策的研究与制定，具有十分重要的意义。

（2）1923～1933年，美国边际资本 - 产出比率（反映投资增量与 GDP 增量的比例关系）发生了异常于其他各时期的变动，这一时期，美国的边际资本 - 产出比率高达 25.6，也就是超过 25 美元的资本增加，方能带来 1 美元的产出增加。考虑到这一时期正是美国经济大萧条来临的前夕，因此，边际资本 - 产出比率出现异常变动，也许可以作为宏观经济可能出现大起大落的预警指标，予以特别关注（不过，这有待进一步的研究加以论证）。

（3）从美国经验看，农业部门的投资应保持稳定的增长。制造业投资在几大产业部门中，是属于持续高增长的部门。其中，重化工业部门（包括冶金、石油化工、设备制造）等资本密集型产业又是引领制造业投资增长的主要引擎。

（4）公用事业的资本 - 产出比率随着其产业规模及资本存量规模的不断增大，下降幅度明显，其变动轨迹明显不同于其他产业部门；公用事业部门在发展的早期，资本密集型的特点更为明显，更依赖外部融资的支持。

（5）从美国这一时期企业投资资金来源结构看，内部资金来源的比重有逐步上升的势头。在企业外部融资中，短期外部融资比重有逐步上升之势，在长期外部融资中，股票、债券等直接融资渠道的重要性远远超过银行信贷。在直接融资中，股票融资与债券融资相比，从长期看，其重要性则有所下降（对于大批中小企业来说，债券融资可能是其唯一的长期外部融资渠道）。这一特点，与我国企业外部融资过于依赖间接融资、直接融资过于依赖股票融资、中小企业融资渠道窄的情况，形成了鲜明对照，或许预示着我国资本市场要实现多层次、多元化的健康发展，仍有相当大的改革空间。

（6）从美国经验看，国民经济持续发展将促进企业自我积累能力的提高及国民收入分配格局的显著变化，而这将会对金融市场的结构变化产生显著影响。

第三章 美国住宅房地产投资研究

一 美国住宅房地产市场的规模与结构

（一）美国的住宅投资与消费的规模

美国在 1950～2000 年每年新建住宅 150 万～210 万套，年人均新增建筑面积 0.9～1.2 平方米。美国 2000 年新建住宅投资 4251 亿美元，占其固定资产投资的 21.3%，约占建设投资的 42.0%，年人均建筑面积为 0.9 平方米。

2000 年美国住宅的服务和维修消费为 9588 亿美元，占 GDP 的 9.3%，间接消费的家具设施为 3073 亿美元，占 GDP 的 3%，还有水、电、热等消费为 3857 亿美元，占 GDP 的 3.75%。

美国住宅的投资与消费占到了 GDP 的 20.2%，说明住宅在美国经济中的地位非常重要。

（二）住宅房地产市场的结构特点

美国 2000 年存量住宅为 1.16 亿套（户），其中，自有房屋户为 5555 万套（户），占总户数的 48%，其余 52% 为租房户。美国的现有住宅空置率约为 5.9%。

在自由住房中，每套大于 30 万美元高房价的户数占总户数的 10%，每套为 15 万～30 万美元较高房价的户数占 26%，每套 12 万～

15 万美元一般房价的户数占 54%，每套 12 万美元以下低房价的户数占 10%。

二　住宅房地产市场一直与美国宏观经济的兴衰紧密相连

美国住宅房地产业的兴衰与美国经济形势的兴衰紧密相连。美国经济学家 Green 发现，住宅投资对于美国的经济增长率来说，是一个很重要的指标，非住宅投资则不是。Gauger 和 Snyder 认为，住宅投资在总产出中的比例虽不算很大，但在美国经济周期中却起着"不合比例"的作用。Leamer 甚至认为，由于住宅投资是更能反映经济周期景气的可靠指标，主张以反映住宅状况的指标替代 GDP 作为美国货币政策调整的参考依据。Benjamin 等人则发现住宅财富变动比金融财富变动更能影响美国的居民消费。

从 19 世纪末开始，美国迅速发展成为世界经济强国。其根本原因就在于：美国借助工业化带动的城市化把 80% 以上的居民转化为城市居民，而剩余的 20% 农民又通过土地流转、转让和组合等方式把土地所有权和使用权转移到少数人手中，形成了农业生产的集约化与产业化。此外，美国在工业化、城市化的进程中，重点利用了房地产这个经济杠杆，通过对其加大投入，拉动了钢铁、化工、汽车、飞机、造船等重工业的发展，也相应促进了银行、保险、饮食、服装和旅游等第三产业的发展。

也就是说，在美国早期发展史上，三次产业的优化调整，对于释放全社会的生产潜力起到了十分重大的作用。而在美国三次产业结构调整的过程中，始终伴随着住宅房地产业的高速发展。

但是，由于缺乏政府宏观调控，1929 年美国爆发了历史上著名的经济大萧条。随后，在宏观经济学对市场经济强有力的调控指导下，加以微观经济学的灵活操控技术，经济下滑很快得到控制，国民经济开始复苏。在经济复苏过程中，美国政府又抓住了住宅房地产业这个经济杠杆，制定了许多促进住宅房地产业健康发展的规划和政策。自 1935 年开始，美国住宅房地产业完成了 60 年的发展周期，至 1995 年发展到了顶峰。这时也是美国经济达到鼎盛的时期。

随后，在 1995 年、2008 年受美国货币产品繁多、泡沫含量不断加大等诸多因素的影响，美国经济出现了两次强烈震荡并迅速滑落，开始出现由盛转衰的迹象，这可以说都与以美国住宅市场为主的房地产市场发展到鼎盛、缺乏进一步的增长潜力而由盛转衰的趋势有着密切的关联。美国经济周期的变化明显地反映出"成也房地产，败也房地产"的特征。

此外，美国城市化每一次大的阶段性变化都与住宅房地产业的发展、制度创新及政策演变有着紧密的关联，例如美国早期移民的土地购买和租约，19 世纪铁路公司兴起的铁路建设，20 世纪初的合同建造房屋和预售房屋，经济大萧条之前的保险公司开发城市公寓、家庭住房抵押贷款的盛行，"新政"之后 FHA（联邦住房管理局）的兴起，"二战"后的 VA（退伍军人管理局）住房贷款担保计划，1977 年的《社区再投资法案》（鼓励金融机构对中低收入地区发放住房开发、重建和消费贷款）。这些都为美国的城市化以及"后城市化"的推进提供了强劲的动力。

三　19 世纪末至 20 世纪 50 年代美国住宅投资的发展演变

（一）19 世纪末至 20 世纪 50 年代美国住宅投资增长趋势变化与结构特征演变

根据 Leo Grebler 等人对 1892～1953 年美国住宅投资增长趋势所做的实证分析，考察资本形成总值平均增长率的情况，第二个周期

（1905～1925 年）与第一个周期（1892～1905 年）相比，出现较大幅度的增长；但第三个周期（以 1925 年和 1950 年两个峰值年为前后标界）与第二个周期相比，则仅出现小幅增长。无论依据的是每年新建住宅数指标，还是住宅新建投资（不变价）、住宅扩建与改建投资（不变价）指标，都显示出相同的结论。在第二个周期中，年均新建住宅数比第一个周期增长了 67%，而第三个周期只比第二个周期增长了 4%。相比于 20 世纪 20 年代年均新建住宅 70 万套的规模，即使是在"二战"后的建设高峰期（1946～1953 年），年均新建住宅数也只达到 99 万套，仅比 20 世纪 20 年代增长 41%（见表 3-1）。因此，可以判断，美国住宅产业经过 19 世纪以来的长期增长，在 1925～1950 年遭遇了增长瓶颈。

表 3-1　不同时期美国年均城镇新建居民住宅数

单位：万套

年　份	年均城镇新建居民住宅数
1890～1899	29.4
1900～1909	36.1
1910～1919	35.9
1920～1929	70.0
1930～1939	26.5
1940～1949	53.9
1946～1953	99.0

在住宅市场结构方面，则出现了以下几个变化趋势。

（1）伴随城市化进入不同阶段，住宅结构出现明显变化。每栋两套或两套以上的住宅比重在 1930 年前呈不断增加之势，这主要是由于这一时期是美国城市大规模建设期，住宅投资集中于城市中心区，更加强调集约用地。而在此之后，"一户一栋"的住宅比重不断上升，在 20 世纪 40 年代，85% 的新建住宅为"一户一栋"式，这主要是因为随着汽车的大规模普及，城市化进入了郊区扩张的时代。

（2）对现有住房的改扩建在住宅产业资本形成中的重要性开始提升。与新建投资相比，住宅改扩建投资受经济周期波动的影响较小。1915～1953年，改扩建投资占全部新增住宅建设投资的11%。改扩建投资份额上升的一个原因是自19世纪90年代以来，美国的住宅存量不断增大，相比而言，每年的增量与存量之比则显示出下降之势。

（3）居民保有住宅比重上升，非居民保有住宅比重下降。19世纪末到20世纪20年代，非居民保有的住宅建设投资快速增长，但自1920年以来则开始明显下降。20世纪20年代，其非居民保有的居住设施投资比重达到住宅投资的7%，而在20世纪40年代则下降到约2.8%。

（二）住宅产业在国民经济中的份额变化

考察住宅投资与GDP、资本形成总量和总消费的比例关系，可以看出，自19世纪末至20世纪50年代，住宅产业在美国国民经济中的份额有逐步下降之势。住宅产业资本形成总额占GDP的比重从19世纪90年代初的8.2%下降到1950年的2.9%。在这60年中，除了20世纪20年代外，这一趋势一直持续。

相应地，住宅投资占总投资的比重也呈现逐步下降之势，从19世纪90年代早期的30%，逐步下降到20世纪20年代的25%，并进一步下降到1950年的13%（见图3－1）。

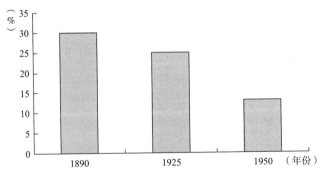

图3－1　美国住宅投资占总投资比重变化（1890～1950年）

（三）住宅建设周期、投资周期与经济周期的关系

从 19 世纪 80 年代到 20 世纪 30 年代美国经济增长与住宅投资增长的三个长波动周期的情况看，在第一个周期波动中，住宅投资周期与住宅建设周期相比，有 1 ~ 2 年的滞后；而经济周期则领先住宅投资与建设周期 6 ~ 8 年分别达到高峰和低谷。在第二个周期波动中，住宅投资与建设周期基本同步，经济周期的波动趋势早于住宅周期 4 ~ 6 年。在第三个周期波动中，住宅投资与建设周期和经济周期已基本同步，只是早了 1 年先达到高峰（见表 3 - 2）。

表 3 - 2　美国住宅建设投资周期与经济周期波动趋势的比较
（19 世纪 80 年代 ~ 20 世纪 30 年代）

项目		住宅建设	住宅投资	GDP 增长
第一个周期波动	高峰年份	1889	1891	1883
	低谷年份	1899	1900	1892
第二个周期波动	高峰年份	1909	1909	1905
	低谷年份	1916	1917	1911
第三个周期波动	高峰年份	1925	1925	1926
	低谷年份	1934	1934	1934

根据上述分析，我们可以初步得到以下的结论。从 19 世纪 80 年代至 20 世纪 30 年代这一典型阶段的情况看，美国这一时期住宅房地产投资周期与经济周期的关系呈现如下特征：房地产周期波长与宏观经济周期波长大体一致（约 10 年）且关系密切。纵观这一时期，住宅投资周期与经济周期的"时间差"在不断缩小并最终趋于一致。当住宅投资与经济长期增长势头良好时，经济繁荣要领先于房地产繁荣，而当房地产周期达到高峰时，经济周期在两三年内即将触底。而在遭遇经济大萧条的前夜，房地产投资达到周期的高峰，则预示着经济周期将很快到达高峰；两个周期的高峰重叠，预示着经济与房地产同时"由盛转衰"。

（四）住宅投资的融资结构变化趋势

自19世纪90年代初期至20世纪50年代，住房信贷在美国住宅投资的融资结构中起着越来越重要的作用。伴随着住宅资产存量的不断加大，住宅抵押借贷的作用无论是在新房市场还是二手房市场中都有不断增强之势头。抵押信贷增长迅猛不仅体现在其增长的绝对数上，还体现在人均和户均抵押贷款数、住房抵押贷款在全部私人中长期借贷中的份额、房贷－收入比、贷款－总价比等方面。

从1890年到1952年，住房抵押贷款增长了近30倍，从23亿美元增加到691亿美元。人均贷款数从1890年的68美元增加到1950年的432美元。城市居民的购房负债从1890年的289美元上升到1950年的1500美元。

家庭购房负债与可支配收入之比能够比较好地反映居民的财务负担状况。而这一数据在各个时期内的波动性较大。从1900年到1920年，呈下降趋势。20世纪20年代之后则大幅上升，于20世纪30年代达到41%的峰值。而在此之后的15年内则呈下降之势，至1945年恢复到了1910年的水平。此后又开始上升，在1952年达到30%。抵押贷款与家庭资产之比也在"二战"后开始攀升，在1952年达到26%。

从股权融资比例看，自1911年至1952年股权融资在新建住宅土地购置和建设中的份额从约50%下降到约25%。其份额下降的趋势是伴随着20世纪20年代和1945~1952年这两个住宅高增长期住宅抵押信贷的快速增长而发生的。在这期间，有更多的金融机构开始介入房贷市场，例如，持有住宅抵押贷款的金融机构占全部金融机构的比重也从20世纪初的50%上升到1952年的84%。

此外，值得一提的是，与新房市场抵押信贷相比，二手房市场抵押信贷的重要性呈现逐步上升之势，显然这与住房市场增量与存量之比趋于下降有关。

从抵押贷款利率和还款期限的变化情况看，自 1920 年至 1947
年，平均利率降低了约 1/4，而合同期限却增长了 1 倍，第一套房贷
的贷款－总价比提升了约 1/3。这一趋势表明了伴随住房信贷的发
展，个人获得住房信贷的门槛明显降低。

（五）政府在住宅房地产市场发展中所起的作用

自 1935 年开始，美国政府对私人住宅建设发展给予大量的资助。
从 1935 年到 1953 年，450 万套新建住宅（即总住宅建设的 40%）的
融资得到政府相关计划的资助。1946 ~ 1953 年，就有约 330 万套新
建住宅（占同期住宅建设总数的 42%）是通过这种方式融资的。政
府的这些住宅市场干预措施降低了新房的首付与还贷压力，从而大
大开拓了住宅市场的需求空间。

1952 年底，联邦住房管理局（FHA）和退伍军人管理局（VA）
对新建住房和现有住房的贷款超过 290 亿美元，超过全部住房抵押
贷款额的 40%。此外，联邦住房管理局还为刺激出租房和公寓房的
建设提供了抵押贷款保险计划。1947 ~ 1951 年，80% 的出租房建设
是通过 FHA 担保的贷款融资的。

可以说，发轫于 20 世纪 30 年代中期的美国政府住房信贷支持
政策在 1935 年到 1952 年不到 20 年间，就达到了相当大的规模与影
响力，对这一时期美国住宅投资与消费需求增长产生了很大的促进
作用，而且也对美国住宅市场投融资体制未来的中长期演变产生了
深远的影响。

四　金融自由化与金融创新改变了美国住宅产业
与国民经济其他部门之间的关系格局

需要特别强调的是，20 世纪 80 年代开始的美国金融自由化与金
融创新促使住宅融资体制发生了根本性的变化，从而改变了美国住

宅产业与国民经济其他部门之间的关系格局，而这为美国近年来房地产市场泡沫不断积累而产生金融危机埋下了伏笔。

在 20 世纪 80 年代之前，美国住宅产业与其他产业彼此关联、"浮沉与共"，而在此之后，则变成住宅投资对其他部门的影响力加大，而其他部门对住宅产业的影响趋于弱化。

1980 年之前，美国多数的住房抵押贷款是由储蓄银行提供的，而这些银行机构受到监管条例 Q 对银行储蓄利率浮动的约束。这使得住宅产业对经济形势的敏感度较强，也在一定程度上限制了住宅产业对国民经济其他部门的影响力。如果住宅市场繁荣，其他的经济部门包括非住宅投资也开始增长，利率就会随之上升，从而限制住房抵押贷款的放贷，对住宅投资产生负面影响。

而自 1980 年开始，美国在金融自由化和体制创新方面采取了两项重要措施：一是监管条例 Q 的废除，放宽了对借贷者贷款利率的控制；二是在"两房"（房利美和房地美）的主导下，美国抵押贷款二级市场迅速发展起来。这意味着住房信贷除了储蓄机构外，拥有了更多的资金渠道。

Pozdena 认为这一变革对美国住宅金融产生了如下的影响：住房抵押贷款可以用来创造抵押贷款支持证券而出售给不同的金融机构和个人投资者；同时，"两房"作为政府支持的抵押贷款公司通过为证券投资者提供本金和利息的担保，又推进了这一房贷"证券化"的进程。这使得房贷供给对于经济周期（景气指数）的敏感度降低了。对银行利率管制的放松加大了金融系统内的资金流动性，而且，由于二级抵押贷款市场的发展，原来难以吸引到资金的抵押贷款放贷者，已可以通过发行一个高质量的抵押贷款，将其出售给一个流动性非常强的二级市场。

Dynan 等人更详细地分析了金融自由化与体制创新使住宅投资与消费支出对于宏观经济环境变化（例如利率上升）的敏感度降低的原因：如果资金渠道是多元的，利率的上升并不会对投资造成多大的负面影响，住宅投资的情况尤其如此。由于资金来源渠道变宽了，有各种资金来源（包括全球性的资金）可以利用，非住宅投资对住宅投资的挤出效应就变弱了。而且，由于对住宅信贷增长的规制放松了，住宅投资对其他部门的拉动效应比以前更大了。住房贷款与整个信贷市场的关联融合度也进一步增强。例如，抵押贷款利率与美国国债利率的关联度在 1980 年后明显增强。而同时，利率和银行信贷流动对抵押贷款利率的影响变弱了。Pozdena 对 1960～1989 年利率变动与商业银行资金流动与住宅投资建设的关联性进行了实证分析，发现前两个变量对后者的影响在 1982 年后明显变弱。

总之，根据上述学者的分析，我们可以得出这样的结论。在 20 世纪 80 年代之前，美国住宅贷款主要由储蓄机构提供，这些机构的信贷发放受到监管条例 Q 对储蓄利率浮动的严格约束。而在此之后，银行可自主提高储蓄利率，而且抵押贷款"证券化"开始大行其道。这造成了住宅投资对美国经济其他部门的影响加剧，住宅房地产的发展不仅对消费的拉动作用加大，对其他部门投资也继续保持正相关的拉动效应，而非住宅投资对住宅投资的挤出效应却弱化了。其结果是美国住宅投资受其他部门的制约变弱，而对其他部门的影响却在加大。一方面，住宅投资更能影响美国的宏观经济景气；另一方面，其自身却对经济景气的变化不再那么敏感。

五 对美国房地产业泡沫及金融危机
产生原因的简要分析

应该说，自 20 世纪 80 年代美国推行金融自由化与体制创新开始，住宅产业在一定程度上逐渐变成美国经济中可以左右其他经济部门却又不太受其他经济部门左右的"一匹脱缰的野马"。这在一定程度上造就了美国 20 世纪 80～90 年代的经济繁荣、金融市场繁荣，但也为美国在 2007 年以后开始陷入次贷危机乃至金融危机埋下了伏笔。这一体制性因素是远因，而美联储的低利率政策、房价高企、两房贷款和次级债盛行则是促使美国房地产泡沫破裂、危机爆发的直接诱因。

（一）美联储所实施的低利率政策诱发了房地产市场的火爆

2001 年开始美国联邦基金利率进入了一个降息周期，到 2004 年 6 月前甚至低至 1%。由于贷款成本的降低，贷款人不遗余力地购置房产。同时，房价高速攀升的事实和持续上涨的预期掩盖了可能存在的问题和风险。20 世纪 80 年代以来，美国经济不断增长且空前繁荣，由于长期以来形成的超前消费习惯，人们对预支未来的财富并不感到不安和紧张。这在一定程度上放松了个人购房者的警惕，而把控制风险的责任大部分推到了银行等一级市场承接商的身上，银行又通过抵押贷款证券化将风险进一步转嫁给二级市场的金融机构。由于在二级市场上有政府担保，投资人又把个人按揭贷款看作银行优质的资产而乐于争购。结果是各个环节都淡化了风险意识而产生了"借与贷"的盲目性，于是，美国住宅开发商在市场需求强大的背景下大兴土木，道琼斯的美国精选房地产开发指数在 2002～2005 年飙升了将近 300%。所以说，从 2000 年以后美联储的低利率政策是推动美国房地产市场"超前发展"、产生泡沫的第一个重要诱因。

（二）抵押贷款证券化造成银行系统放松了针对个人住房信贷的"银根"，也造成住房信贷的风险从银行部门进一步扩展到整个金融业

如果房地产信贷系统和金融系统没有漏洞，即使低利率的政策也难以促使购房者的潜在需求变成现实，同时，房贷风险也不会蔓延到整个金融系统。但是，抵押贷款证券化不仅造成银行系统放松了针对个人住房信贷的"银根"，也造成住房信贷的风险从银行部门进一步扩展到整个金融业。

首先，购房者风险意识淡薄，而美国的商业银行、保险公司和按揭中介等在争取到购房者的贷款之后，再把这些贷款打包销售给由国家建立的贷款协会或者贷款公司，而这些机构会再将其证券化，使其能够在二级市场流通，供投资者认购。其结果是抵押贷款证券化导致证券市场的钱大量流入信贷市场，银行提供信贷的额度大量增加。房地产信贷的影响范围从银行放贷部门进一步扩大到证券市场，与整个金融市场捆绑在了一起。

风险能够被部分地转嫁出去，为了扩大业务范围和规模，银行放松个人住房信贷条件的情况也就会时有发生，可以说，风险转嫁降低了金融机构的风险控制意识，金融机构个体短期风险的模糊造成了整个系统长期风险的积累与加剧。

（三）房价不断上涨进一步诱使"两房贷款"和次级债盛行

由于购房者的潜在需求得到满足，再加上其他因素的助推，美国房地产价格不断攀升。而只要房价上涨，个人就更愿意支付高利息来申请银行和贷款公司的贷款，银行和贷款公司也就愿意向个人甚至是信用不佳的人们提供高息贷款，然后再把这些贷款出售给联邦国民抵押贷款协会所主导的抵押贷款证券市场，导致次级贷款数额迅速增长。2000 年，美国的次级贷款发展还处于初级阶段，只有719000 笔贷款，占抵押贷款总量的 2.4%。但从 2001 年开始，就很快从 2100 亿美元的规模增长到 2003 年的 3500 亿美元、2005 年的6250 亿美元。

同时，联邦国民抵押贷款协会和联邦住宅抵押贷款公司所购买的抵押贷款的数额也是和平均房价的上涨而不是通货膨胀相关联的。房价上涨幅度越大，联邦国民抵押贷款协会就越愿意提供贷款。从1992 年到 2006 年，"两房贷款"额不断上升，尽管这一期间出现了一系列丑闻，国会也不定期控制这两个抵押巨头的业务增长，但联邦国民抵押贷款协会和联邦住宅抵押贷款公司的贷款业务还是发展迅速。

综上所述，我们可以看出美国近年房地产泡沫及金融危机产生的"因果链"：低利率→个人购房需求增长→抵押贷款证券化造成银行盲目放贷→房价高企→两房贷款、次级债盛行→二级市场投资者由于有政府机构担保乐于购买抵押贷款债券→金融机构再将资产打包出售→潜在风险扩散到整个金融系统→从购房者、银行、政府房贷抵押公司再到证券市场金融机构各个环节个体短期风险的模糊，造成了整个系统长期风险的积累与加剧→泡沫破裂、信用危机蔓延、次贷危机爆发、金融危机爆发。

六　主要结论与启示

（1）从美国的经验看，住宅产业是国民经济中的一个重要而独特的部门，对其他经济部门的拉动性较强，与金融系统的关联度很高。而金融体制的变革有可能对房地产市场的发展及其与其他经济部门的关系产生重大的影响，要正确处理好促进房地产健康发展与加强必要的规范与引导的关系，要正确处理好金融创新与防范房地产泡沫风险的关系。

（2）在美国经济发展历史上，曾成功借助工业化带动的城市化把80%以上的居民转化为城市居民，而剩余的20%农民又通过土地流转、转让和组合等方式把土地所有权和使用权转移到少数人手中，从而较早地实现了农业生产的集约化与产业化。三次产业的结构优化与农业的产业化、现代化，对于释放美国全社会的生产潜力、逐步崛起为世界强国，发挥了十分重大的作用。我国整体上仍处于城市化的中期阶段，如何通过房地产市场的健康发展带动城市化，进而带动三次产业结构的进一步优化演进，同时通过农村土地流转制度改革，促进农业的集约化与产业化进程，仍是摆在我们面前的一个重要课题，美国的相关经验值得我们加以借鉴。

（3）从美国经验看，住宅产业的高增长期主要出现在城市化快速发展的阶段，随着大规模城市建设"基本定型"、住宅存量的不断累积，住宅投资增长势头及其在整个国民经济中的份额将会经历一个向下调整的时期。而在住宅产业高增长期，强大的需求可能会催生住宅抵押贷款的过度发展，房贷条件不断趋于宽松，这可能会释放未来的住房需求，从而透支未来的增长潜力，造成经济增长的波动性加大。

（4）政府主导的住宅信贷的发展是一把"双刃剑"，在经济经历萧条期进入恢复期时，政府通过其支持的贷款公司的介入、为商业银行的抵押贷款提供担保、启动出租房和公寓房建设的扶持计划等措施，能够有效促进住宅需求与投资的增长，并通过住宅产业的拉动效益，有效促进国民经济迅速恢复，使其进入蓬勃发展的时期。但住宅信贷市场的不断发展，可能会带来抵押贷款条件的不断降低，居民的房贷 – 可支配收入比将会趋于攀升，当超过一定限度时，可能还会造成个人还贷危机。随着住房信贷资金链已从商业银行延伸到整个金融部门，这一环节出现问题，可能会使原本的优良资产信用链断裂，引发金融危机。借鉴美国的经验，房贷 – 可支配收入比的走势及历史警戒线，可以作为判断房地产泡沫程度的一个重要指标。

（5）从住宅结构看，美国的中等房价市场依然是"大头"（每套 12 万 ~15 万美元一般房价的户数占总数的 54%，房价 – 收入比尚属合理），而我国仍属于中等收入国家，但近年来房价的不断攀升，已使大量一般收入阶层只能"望房兴叹"。在这一方面，美国在"二战"后采取的面向社会特殊群体的住房贷款担保计划，以及1977 年推行的《社区再投资法案》鼓励金融机构对中低收入地区发放住房开发、重建和消费贷款等措施，也值得我们学习借鉴。

（6）美国在 1980 年后对金融系统放松必要的规制，导致金融产品创新过度，则为我们提供了可"引以为戒"的教训。如果房地产投资对经济周期的敏感度降低，出现反经济周期而动的情况，或利率上涨对房贷发放没有影响力，需引起决策部门的高度关注，因为，从美国的情况看，这隐藏着"泡沫"积累加大的风险。为有效防范房地产金融风险，应深化银行与金融体制改革，建立有效的银行房贷发放风险防范机制，严格个人购房贷款的准入。在推进金融体制创新、加大资金自由流动性的同时，应建立必要的阻隔金融风险在各个机构间、各个金融环节间蔓延的"隔离带"与"防火墙"，既要避免"创新不及"，也要避免"创新过度"。

（7）此外，低利率政策、银根较松、大量资金追逐于房市、房价高企这些促生美国房地产泡沫的因素，近年来也都同时在我国出现，需引起决策部门的密切关注，并采取相应的防范措施。而在房地产泡沫风险的判断上，不能陷入"指标陷阱"（例如美国 2000 年住房空置率并不高），而应有全面、综合、具有远见的科学判断。

第三部分

政府投融资体制

第四章 国外政府投资规模与结构的
变化趋势

　　本章内容，一是对美、英等代表性国家的政府投资规模、结构进行实证分析，二是介绍发达国家在完善政府投资决策与管理体制方面的主要政策经验。政府投资实证分析部分主要内容包括政府支出、政府投资的增长趋势、政府投资占全社会投资比重、公共部门投资与私营部门投资的比例关系、公共部门投资的内部结构（中央、地方、国有企业投资的比重）、政府投资主要投向、几个重点领域（如教育、卫生、住房、基础设施）政府投资的变化趋势与特征等。主要选择美、英等大国，一是因为其从国家规模上与我国具有较强可比性；二是因为可以获得较长期的数据，便于归纳长期的变动规律。在实证分析的基础上，本章总结了发达国家在完善政府投资决策与管理体制方面的主要政策经验，以期对我国未来相关领域的改革提供有益借鉴。

一　美国的政府投资结构特征及其变化趋势

（一）美国政府支出的长期趋势

　　美国政府支出在 20 世纪初约占 GDP 的 7%，在 20 世纪 20 年代占 GDP 的 12%，经济大萧条时期之后则达到 20%。"二战"时期出于战时需要政府支出达到高峰，而在"二战"之后，美国政府的财政支出恢复正常水平，约占 GDP 的 21%，之后又不断增长，20 世纪 80 年代初达到 36%。2008 年金融危机后，出于"救市"需要，美国政府支出达到了 45%（接近"二战"时期的水平），预计未来将较长期地稳定在 40% 左右。

从长期趋势看，美国政府财政支出的增长主要是投向了卫生、教育、养老金、社会福利等公共服务领域。教育支出从 20 世纪初占 GDP 的约 1% 增长到近期的 7% 左右。1910~1940 年，美国政府的教育支出主要投向高等中学的建设。"二战"后教育支出的增长主要是因为高等教育的扩张及教师工资的增加。除去"二战"期间经费收缩与 70 年代一度膨胀外，美国政府的教育支出呈现每年平稳增长的趋势，到 2008 年达到 7%。美国的教育大部分由地方政府承办，但"二战"之后，联邦政府的作用不断增强，联邦对州与地方政府的教育经费转移支出有不断增加之势。

长期以来，美国的医疗体系更多依靠市场提供。20 世纪 60 年代以前，政府医疗支出占 GDP 的比重一直不高。20 世纪早期只有 0.25%，20 世纪 20 年代达到 0.5%，1932 年达到 1%。随着美国国会 1965 年通过了《大社会法案》，建立了针对老年人的医疗补助制度和为穷人提供医疗服务的救助制度，美国政府的医疗经费支出持续增长，1970 年占 GDP 的比重达到 2%，1980 年达到 3%，1991 年达到 4%，1995 年达到 5%，2007 年达到 6%，2009 年达到 7%。

自 20 世纪 60 年代开始，美国进入人口老龄化加速的阶段。从 1960 年到 1980 年，美国 65 岁以上老人占总人口的比重从 9.2% 提高到 11.2%。我国 65 岁以上老人占总人口的比重 2011 年已达到 8.87%（2011 年人口普查数据），已接近美国 1960 年的水平。从人均 GDP 看，1960 年美国人均 GDP 已达 17500 美元（购买力平价），我国目前按购买力平价计算的人均 GDP 已接近这一水平。参照美国经验，这或许意味着未来随着人均 GDP 的进一步提高，老龄化进程加快，老龄人口医疗经费增加，我国的医疗经费总水平也将进入一个长期持续稳步增长的阶段。

（二）美国政府投资与私营部门投资的比例结构

1900~1919 年，美国私营部门投资、地方政府投资、联邦政府投资（不包括军用固定资产）各自所占的份额变化不大。从 1920 年开始直到"二战"前这段时间，私营部门投资所占份额则持续下降，政府投资所占份额不断上升。在此之后，私营部门投资与政府投资所占份额又出现了相反方向的变化。之后，政府投资与私营投资比例相对稳定，政府投资比重略有下降。我们选取 1970 年、1980 年、1990 年三个年份美国政府资本支出占全国资本形成的比重，可以看到，这个指标 1970 年是 26.0%，1980 年是 17.6%，1990 年是 22.0%。

私营部门与政府部门资本存量之比的变化，也可以从一个侧面反映美国政府投资占全社会投资比重的变化趋势（见表 4-1）。20 世纪 20 年代美国政府部门资本存量相对水平较低，到 1935 年则有明显提高。"二战"时期达到最高峰，"二战"之后则下降到正常水平，但明显高于战前水平。之后一直较平稳，1965 年之后有略微下降之势。根据 1965 年之后美国政府支出仍保持不断增长之势，可以判断，1965~1985 年，美国政府支出中用于投资的比重较前有所下降。

表 4-1　美国私营部门与政府部门资本存量（按 1985 年不变价格）

单位：10 亿美元，%

年　份	私营部门	州及地方政府	联邦政府	政府部门资本存量占私营部门资本存量的比重
1928	2981.1	307.3	82.2	13.1
1935	2920.3	403.9	108.8	17.6

续表

年　份	私营部门	州及地方政府	联邦政府	政府部门资本存量占私营部门资本存量的比重
1945	3055.3	489.8	960.2	47.5
1955	4382.2	679.1	685.8	31.1
1965	6011.4	1099.7	763.5	31.0
1975	8437.8	1618.5	802.6	28.7
1985	10998.2	1863.2	1064.9	26.6

资料来源：美国国家统计局。

（三）美国政府投资的结构

相对州及地方政府投资而言，美国联邦政府投资的增长波动较大，所占比重在1970～1995年为33%～49.1%。除国防外，这一期间拉动联邦政府投资增长的领域一是医疗卫生，二是住宅。医疗卫生投资从1.66亿美元增长到17.4亿美元，住宅投资从8.53亿美元增长到39.18亿美元。

州及地方政府投资的增长较平稳，所占比重为50.9%～67%。州及地方政府投资增长主要投向了教育、医疗卫生、住宅、公路与航空、环卫系统与公用工程（供水、供电、供气等）。这些领域投资都有较大幅度增长，公用工程与医疗卫生投资分别从24.37亿美元、7.90亿美元增长到190.28亿美元、48.83亿美元。而教育投资也从76.21亿美元增长到357.08亿美元，公路投资从107.62亿美元增长到425.61亿美元，住宅投资从13.19亿美元增长到45.27亿美元（见表4-2）。

单位：亿美元，%

表 4－2　美国政府资本支出的规模与结构

指　标	1970 年	1980 年	1985 年	1990 年	1995 年
全部资本形成总额	1830	5652	8241	10034	13013
全部政府投资（资本支出）	475.19	993.86	1569.12	2209.60	2260.88
政府资本支出占全部资本形成总额比重	26.0	17.6	19.0	22.0	17.4
联邦政府的投资（资本支出）	178.69	364.92	770.14	978.91	746.48
年增长率	-6.0	10.9	6.3	-1.9	-6.5
占全部政府资本支出比重	37.6	36.7	49.1	44.3	33.0
占联邦政府全部直接支出比重	9.7	6.9	8.3	7.9	5.1
行业投向：国防	140.27	281.61	641.54	756.24	538.26
教育	0.09	0.97	0.39	0.41	2.21
公路	0.09	1.32	1.21	1.81	1.85
医疗卫生	1.66	6.73	9.16	10.96	17.40
自然资源	16.91	40.46	40.92	46.98	32.61
住宅	8.53	3.17	19.35	43.43	39.18
航空	2.34	1.51	7.85	6.64	7.91
水运	2.85	10.03	5.83	3.85	3.69
其他					
州及地方政府的投资（资本支出）	296.50	628.94	798.98	1230.69	1514.40
年增长率	5.0	7.0	13.1	9.9	10.1

续表

指　标	1970 年	1980 年	1985 年	1990 年	1995 年
占全部政府资本支出比重	62.4	63.3	50.9	55.7	67.0
占州及地方政府全部直接支出比重	20.0	14.5	12.2	12.7	11.2
行业投向：教育	76.21	107.37	134.77	259.97	357.08
高等教育	27.05	29.72	46.29	74.41	104.61
初等与中等教育	46.58	73.62	83.58	180.57	248.08
公路	107.62	191.33	239.00	338.67	425.61
医疗卫生	7.90	24.43	27.09	38.48	48.83
自然资源	7.89	10.52	17.36	25.45	28.91
住宅	13.19	22.48	32.17	39.97	45.27
航空	6.91	13.91	18.75	34.34	38.02
水运	2.58	6.23	7.17	9.24	11.01
环卫系统	13.85	62.72	59.26	83.56	88.94
公园及娱乐设施	6.84	20.23	21.96	38.77	40.85
公用工程	24.37	99.33	134.35	166.01	190.28
供水	12.01	33.35	41.60	68.73	74.66
供电	8.20	45.72	52.47	39.76	37.15
运输	3.66	19.21	38.30	54.43	75.07
供气	0.50	1.05	1.98	3.10	3.40
其他					

资料来源：美国国家统计局。

2005～2009年美国政府资本形成的规模与结构如表4-3所示。

表4-3 2005～2009年美国政府资本形成的规模与结构

单位：亿美元

资本类别	2005年	2006年	2007年	2008年	2009年
一般公共服务	304.34	300.44	330.44	362.63	375.40
国防	123.21	114.70	114.24	128.74	129.60
公共秩序与安全	145.22	154.62	174.78	192.56	197.14
经济事务	1100.47	1170.09	1241.08	1316.66	1354.94
环境保护					
住宅与社区改善	239.38	282.79	295.71	301.37	294.54
卫生	168.45	165.95	187.13	202.97	213.39
娱乐、文化与宗教	83.00	75.54	89.00	92.99	88.65
教育	800.11	886.37	951.49	1023.09	1013.41
社会保护	33.82	49.63	36.09	32.69	31.45
总计	2998.00	3200.15	3419.97	3653.71	3698.51

注：以上数据为全部政府的年度资本形成总额。
资料来源：OECD官网。

（四）美国政府基础设施投资的变化趋势与特征

从总量上看，美国政府基础设施投资在1956～1965年明显增长，而1965～1984年则一直保持稳定。1984～1993年又明显增长。1993年比1956年增长了约1倍。

美国政府各类交通投资（除水运外）都呈现明显的周期性，且各自的周期性特征不同。公路投资占了美国政府基础设施投资的大部分，周期性最明显。公路投资占政府基础设施总投资的比重1956年高达67.3%，在多数年份也都在50%以上。1956年到1965年这段时间，政府公路投资持续增长，1965～1969年保持稳定，之后，有所下降，直到1984年，又开始明显增长，在1991～1993年达到高点，与1965～1969年大体相当。

1956～1962 年，公共交通投资增长总体平稳，1962～1969 年，公共交通投资每年都持续增长，1969 年比 1962 年增长了约 400%。从 1969 年到 1979 年呈波动向上平稳增长之势。之后，从 1979 年到 20 世纪 90 年代初，进入持续高增长时期，呈现"几年持续较快增长，而后几年平稳增长，接着又持续几年较快增长"的特征。

1956～1973 年，航空投资是美国交通投资中增长最快的部分，从 1956 年的 7.62 亿美元上升到 1973 年的 44.29 亿美元。之后，在 1974～1984 年，则进入平稳期，大部分年份不足 30 亿美元。从 1984 年开始到 1993 年，则又进入每年持续高增长时期，从 31.16 亿美元上升到 87.61 亿美元，又成为美国政府交通投资中增长最快的部分。

铁路投资在美国政府交通投资中，重要性最低，这主要与铁路交通在美国交通体系中的作用较低有关。除了 1976～1980 年铁路投资数量较大、增长较快外，大多数年份或者没有投资，或者投资数量很小。

水运交通投资在美国各类交通投资中，周期性最不明显，除 20 世纪 50 年代的几年之外，各年份投资都保持在十几亿美元。

从美国政府其他的基础设施投资来看，水资源投资呈现较长期的波动，在 20 世纪 50 年代至 90 年代初期呈现"先增长，之后长期平稳而后又有所下降"的波动特征。供水和污水处理从长期看增长平稳，其高增长分别出现在 80 年代中后期与 70 年代（见表 4 - 4）。

表 4 - 4 1956～1993 年美国各级政府的基础设施投资

单位：百万美元

年份	总投资	公路	公共交通	铁路	航空	水运	水资源	供水	污水处理
1956	40658	27360	641	0	762	808	3440	4186	3463
1957	42126	28367	653	0	1054	747	3727	4072	3506

续表

年份	总投资	公路	公共交通	铁路	航空	水运	水资源	供水	污水处理
1958	46939	31429	731	0	1679	952	4455	4152	3541
1959	53101	36034	553	0	1841	1008	5059	4764	3842
1960	52091	34816	516	0	1977	1002	4938	4629	4212
1961	55472	35720	662	0	1620	1323	5703	5461	4004
1962	57915	38157	491	0	1701	1171	6005	4978	4831
1963	61350	40246	867	0	1803	1226	6787	4842	5452
1964	63482	42059	818	0	2516	1156	6963	5000	5775
1965	65841	43313	1256	0	3294	1129	6690	5909	5748
1966	66782	43216	1083	0	3377	1352	7410	6073	6028
1967	68061	45612	1562	0	4017	1389	7555	5087	5154
1968	67876	45181	2057	0	4429	1803	6800	5093	5139
1969	68320	45321	2461	0	3073	1754	5558	5394	5315
1970	65363	43930	1491	0	2714	1412	4698	4894	5644
1971	67260	44394	1663	0	3377	1398	5276	4650	6503
1972	68134	43216	1730	0	4017	1375	5357	4745	7694
1973	64130	37670	3013	0	4429	1474	4889	4700	7953
1974	60638	35600	2699	143	3073	1485	4864	5080	7695
1975	59394	33298	2920	505	2714	1316	4855	5124	8663
1976	60743	33538	3146	1356	2441	1128	4653	5188	9293
1977	58207	28949	3674	2152	1985	1119	5160	4717	10450
1978	57893	29578	3165	1842	2327	1146	4744	4946	10146
1979	64920	32954	3377	2323	2631	1512	4855	5701	11528
1980	67537	34153	3714	2247	3060	1753	5098	6111	6680
1981	60599	30158	4307	729	2792	1755	4416	5931	6905
1982	54619	26725	4674	776	2553	1514	4364	5424	7317

年份	总投资	公路	公共交通	铁路	航空	水运	水资源	供水	污水处理
1983	55215	27240	5252	617	2704	1710	4139	5317	7904
1984	58766	30226	5507	620	3116	1583	4387	5159	8168
1985	64952	34628	5384	474	3454	1721	4584	6190	8518
1986	69565	37097	5328	187	4242	1859	4437	7309	9106
1987	72575	38182	5368	197	4748	1689	4584	7902	9904
1988	75884	40496	5208	− 1	5194	1728	4941	7778	10541
1989	77236	40951	5803	− 8	5231	1612	5245	8051	10342
1990	79807	41470	6594	− 58	5911	1616	5572	8441	10259
1991	81064	43131	6697	268	6664	1607	3173	8853	10671
1992	82340	43408	6666	417	8002	1384	3067	8552	10845
1993	81660	43135	6516	291	8761	1648	2635	7567	7833

注：按 1997 年不变价格。

资料来源：美国国家统计局。

二　英国的政府投资结构特征及其变化趋势

（一）1910～1950 年英国政府公共支出的变化趋势

根据表 4 - 5 的数据，1910～1950 年英国政府投资从长期趋势看，基本上是随着经济增长，社会支出的比重逐步提高。

表 4 - 5　1910～1950 年英国政府公共支出结构

单位：百万英镑

年　　份	社会支出	经济支出	社会支出与经济支出之比
1910	89.1	37.8	2.36：1
1911	92.8	38.4	2.42：1

续表

年　份	社会支出	经济支出	社会支出与经济支出之比
1912	96.7	38.9	2.49：1
1913	100.8	39.5	2.55：1
1914	97.0	37.5	2.59：1
1915	93.4	35.6	2.62：1
1916	109.3	29.5	3.71：1
1917	127.8	24.5	5.22：1
1918	114.3	27.4	4.17：1
1919	217.0	74.6	2.91：1
1920	411.8	203.2	2.03：1
1945	1240.7	328.8	3.77：1
1946	1377.7	367.3	3.75：1
1947	1529.7	410.3	3.73：1
1948	1698.5	458.3	3.71：1
1949	1885.9	512.0	3.68：1
1950	2094	572	3.66：1

资料来源：ukpublicspending. co. uk。

（二）20世纪50年代末期以来英国政府公共支出与投资的发展趋势

从主要公共服务领域政府支出的变化趋势看，20世纪50年代末以来，英国政府教育、医疗卫生支出的比重总体呈现不断上升态势（见表4－6）。例如，英国教育支出占GDP比重的长期走势是：从50年代的不到3%一直不断上升，到1975年达到6%。政府用于交通的支出比重则比较平稳，显示出英国作为发达国家，政府支出的增长更向社会领域倾斜的特征。从政府投资的比重变化看，政府资本支出占GDP的比重有明显下降的趋势，2008～2009

年因为金融危机而有明显回升，但仍低于 1958～1959 年的水平（见表 4－7）。

表 4－6　英国主要公共服务领域公共支出占 GDP 比重

单位：%

项　　　目	1958～1959 年	1978～1979 年	1996～1997 年	2008～2009 年
教育	3.3	5.2	4.6	5.7
医疗卫生	3.2	4.4	5.1	7.8
交通	—	1.6	1.2	1.5

资料来源：ukpublicspending. co. uk 网站。

表 4－7　英国主要公共服务领域政府资本支出占 GDP 比重

单位：%

指标	1958～1959 年	1978～1979 年	1996～1997 年	2008～2009 年
比重	3.4	2.5	0.7	2.5

（三）英国政府的投资结构分析

根据表 4－8、表 4－9、表 4－10 提供的数据，英国公共部门投资从主体结构看，中央政府投资约占 37.4%，地方政府投资约占 36.9%，国有企业投资约占 25.7%（1996～1997 年数据）。与联邦制的澳大利亚相比，英国中央政府的投资比重相对较高。从 2010 年数据看，澳大利亚公共部门投资结构为：联邦政府占全部投资的 19.4%，地方政府占 49.7%，国有企业占 30.9%。

从行业结构上来看，住房、交通与教育是英国政府投资的三大领域，三个行业加起来，占政府总投资的 50% 左右。1992～1993 年到 1996～1997 年，教育投资占英国政府总投资比重为 9%～11.9%，交通投资占 21%～25%，住房投资占 20.1%～23.1%。

表 4-8 英国政府资本支出规模结构

单位：亿英镑，%

指 标	1992～1993 年	1993～1994 年	1994～1995 年	1995～1996 年	1996～1997 年
中央政府投资	108.69	97.8	91.14	85.78	65.15
地方政府投资	71.5	67.24	73.49	71.85	64.3
国有企业投资	54.76	48.29	52.02	50.01	44.71
全部政府投资	180.19	165.04	164.63	157.63	129.45
全部国有投资	234.95	213.33	216.65	207.64	174.16
中央政府教育投资	6.23	8.57	9.43	9	3.89
地方政府教育投资	9.21	7.46	8.90	9.79	8.73
全部政府教育投资	15.44	16.03	18.33	18.79	12.62
教育投资占政府总投资比重	9	9.7	11.1	11.9	10
中央政府交通投资（除铁路外）	22.36	23.31	23.44	20.05	17.99
地方政府交通投资（除铁路外）	15.46	17.13	17.28	16.94	14.43
全部政府交通投资（除铁路外）	37.82	40.44	40.72	36.99	32.42
交通投资（除铁路外）占政府总投资比重	21	24.5	24.7	23.5	25
医疗卫生投资（全部由中央政府负责）	15.27	8.28	3.57	2.65	1.24
医疗卫生投资占政府总投资比重	8.5	5	2.2	1.7	1
中央政府住房投资	25.58	20.35	16.83	13.43	12.05
地方政府住房投资	16.02	15.65	15.26	18.30	16.48
全部政府住房投资	41.6	36	32.09	31.73	28.53
住房投资占政府总投资比重	23.1	21.8	19.5	20.1	22

表 4 - 9　英国政府的投资规模与结构

单位：亿英镑

项　目	2005 年	2006 年	2007 年	2008 年	2009 年
一般公共服务	1.76	1.45	1.52	1.71	2.04
国防	14.68	11.52	37.33	29.10	41.93
公共秩序与安全	18.07	17.28	19.69	24.08	27.72
经济事务	64.11	59.31	50.57	74.89	75.65
环境保护		14.89	16.72	18.44	19.23
住宅与社区改善	85.10	86.00	84.90	12.41	12.54
卫生	35.63	35.02	35.67	47.64	59.02
娱乐、文化与宗教	17.72	18.31	21.21	31.64	38.30
教育	52.20	57.01	57.39	69.19	78.21
社会保护	48.50	46.50	46.20	47.30	51.00

注：以上数据为全部政府的年度资本形成总额。

资料来源：OECD 官网。

表 4 - 10　澳大利亚公共部门投资规模

单位：百万澳元，%

项　目	2010 年第四季度	2011 年第一季度	2011 年第一季度与上季度环比增速
各级政府的固定资本形成总额			
联邦：军事	1922	1458	- 24.2
联邦：非军事	2066	2789	35
联邦总计	3989	4247	6.5
州与地方	10237	10059	- 1.7
全部政府合计	14226	14306	0.6
国有企业的固定资本形成总额			
联邦国有企业	429	517	20.4
州及地方国有企业	5923	5678	- 4.1
全部国有企业合计	6353	6194	- 2.5
整个公共部门固定资本形成总额	20579	20500	- 0.4

资料来源：澳大利亚统计局网站。

三　政府投资结构的国际比较

马斯格雷夫和罗斯托等人指出，在经济发展的早期阶段，为启动经济、促进经济快速成长，政府应增加公共投资，用于改善基础设施，为私人投资提供良好的外部环境，加速经济"起飞"。到经济发达阶段，公共投资仍应保持稳定的增长，只不过此时公共投资的重心应从基础设施等"硬件"向教育、医疗卫生、社会保障等能够直接增加社会福利的方向转移。

从对美、英等国的情况分析来看，进入经济发达阶段，美、英等国政府财政支出的增长确实主要是投向了卫生、教育、养老金、社会福利等公共服务领域。

此外，根据 FMI 的数据，我们对 1975～1983 年发达国家与发展中国家之间政府支出的结构及其对 GDP 的弹性进行横向比较，可得出如下结论（见表 4 – 11）。

表 4 – 11　1975～1983 年发达国家与发展中国家
政府支出结构及其对 GDP 的弹性

项　　目	全部支出占 GDP 比重（%）	GDP 弹性	资本支出占 GDP 比重（%）	GDP 弹性
发达国家	35.56	2	7.68	0.49
发展中国家	25.07	1.59	20.62	2.2

项　　目	社会支出占 总支出比重（%）	GDP 弹性	经济支出占 总支出比重（%）	GDP 弹性
发达国家	66.73	2.12	33.27	0.67
发展中国家	44.07	1.54	55.93	2.1

注：社会支出包括社会安全与福利、教育、卫生、住房与社区发展等。经济支出包括农业、渔业、畜牧业、矿业、制造业、建筑、电子、天然气、热电、水、路、交通与通信等。

资料来源：FMI（1986 年）。

发达国家的公共支出与 GDP 增长的相关性比发展中国家高很

多。而发展中国家公共支出更多地用于资本性支出，发展中国家政府投资与 GDP 增长的相关性较高。从公共支出中社会性支出与经济性支出的比例关系看，发达国家的社会性支出占比较高，且与 GDP 增长的相关性更强；而发展中国家正好相反，经济性支出占比较高，与 GDP 增长的相关性更强。

这些相关国际经验或许能给予我们以下启示。我国未来跨越中等收入阶段、迈向发达国家的过程中政府财政支出结构与投资结构将会（或可能会）发生这样的变化：随国民收入的增加，政府支出占 GDP 的比重会不断上升，但政府投资（资本性支出）的比重会下降。在政府支出中，用于社会领域的支出比重会上升，用于经济领域的支出比重会下降。

四　发达国家完善公共投资决策机制的主要政策经验

上文分析了美、英等发达国家政府投资结构的演变趋势，那么，这些国家在调整政府投资结构时，是依靠什么样的制度来保证政府投资结构演变的合理性呢？

考察美、英等发达国家的长期经验，我们可以看到，对于规范的市场经济国家来说，政府投资本质上是为了国民经济的更好发展以及社会公众享受更好的公共服务而进行必要的公共品投资，因此，公共投资流向的决定，必须体现的一个原则是：社会发展与公众对公共品的需求如何最佳地得到满足。在发达国家中，长期以来的民主思想使公共投资"取之于民、用之于民"的理念已深入人心，成为社会共识。政府只是公共投资的管理者，而非所有者（即相当于商业领域的经理人，而非股东）。因此，公共决策领域也同样存在"委托 - 代理"关系中治理结构的完善问题（即避免"内部人"控制的问题）。从发达国家的经验看，这一治理结构的完善在于公共决策的民主化与法治化程度不断提高，通过多方面的制度设计与政策措施，有效避免公共投资过多地为少数人所左右，例如：以"分权"的原则使各决策主体之间形成相互制衡的关系，避免决策权力过于集中；完善多层次的监管机制，使决策权力受到监督与约束；保证公共参与度、信息公开化，使权力处于公共视野之下；等等。

概括起来，发达国家完善公共投资决策机制的政策经验主要有以下几个方面。

（一）以立法规范政府在投资决策方面的权限，与国会之间形成相互制衡的关系

20 世纪初以前，美国各级政府的预算收支较为混乱，各部门争取到资金后，自己掌握支出，没有完备的预算，民众和议会都无法对政府各部门进行有效的监督，腐败现象由此屡屡不绝。1921 年，美国国会通过了《预算和会计法案》，它包含两大最基本的原则：一是决定钱怎样花，是公民的权利，而不在于政府；二是政府花钱也要在公民的监督之下，不能任由政府在黑箱中操作。这一法案的根本精神是政府投资决策需要民主化、法治化的制度保障。由此，美国公共预算管理确立了政府与国会之间类似"管理层"与"董事会"的治理结构关系：政府代公民起草支出方案，编制和提交预算，议会是预算修改、决定和批准的权力机构，预算批准后，政府只是预算的执行方，而议会有权监督政府预算的执行。

（二）在具体项目实施上，也贯彻"分权"的原则，使政府各部门之间形成权力恰当分工、相互制衡的关系

例如，在美国联邦政府投资项目实施的过程中，行业主管部门、财政部、管理与预算办公室、国会以及审计监管部门都要以不同的形式参与。行业主管部门一般参与审定设计和验收工程，管理与预算办公室要对项目的预算进行审定，预算还需经国会批准后方

可继续执行，而财政部负责工程建设资金的集中支付。

（三）建立完善的公共项目决策与实施程序，确保政府投资决策与管理的制度化

在美国，政府投资项目一般都要严格按规定的程序来进行决策与管理。以美国公用事务管理局项目运行过程为例，一个大型项目的设计、建设直至交付使用，大约经过以下四个阶段。

（1）区域规划。公用事务管理局各地区的房地产开发办公室制定出本区域的规划，明确自己的投资战略，公用事务管理局总部的投资管理办公室在此基础上每年对循环滚动的 5 年计划进行更新。

（2）计划任务书制订。计划实施的工程将从区域规划中挑选出来；公用事务管理局做出决定，批准某一项目，并向管理与预算办公室和国会提出所需投资额度。

（3）项目审定。管理与预算办公室对公用事务管理局预算请求的各个报告进行检查，并上报国会，国会审定项目，并且在联邦预算中安排适当的资金。

（4）项目管理。各地的房地产开发办公室组织成立一个项目小组，该小组负责对工程自始至终地进行集权化的管理，并承担责任。

（四）建立多层次的政府投资监管体系

各国对政府投资的监管都采取内外结合的方式。以英国为例，英国的外部监督机构主要是议会"公共支出委员会"的审计委员会，该审计委员会由各部门审计师组成，最高领导为总审计长。总审计长享有高度的独立工作权，可以独自决定审计程序及方式，对财政资金的使用情况拥有充分的监督权。政府内部监督机构包括财政部以及各部门各自设有的监督机构。财政部对于政府各部门的监督主要是预算控制。各部门预算必须经财政部核准和内阁讨论后，方可提交议会。议会通过的各部门经费预算，拨款时还要经过财政部核

准后才能付款，即使通过了拨款，财政部依然有权监督。此外，各部门也设有各自的内部监督机构，如交通运输部负责英格兰和威尔士的政府投资交通项目的建设监管，其主管范围涉及航空、公路、铁路等方面。

（五）在项目决策中，以多种形式保证公众的必要参与

英、美、法等国都强调了公共决策中公众的参与作用。公众参与一般通过专家委员会、项目听证会、舆论监督等形式实现。政府鼓励公众和新闻媒体对政府投资项目进行监督，如通过建立和完善项目举报制度，鼓励公众和新闻媒体对政府投资项目建设实施过程中出现的违法、违规和腐败问题进行举报、曝光等。社会公众的参与还体现在政府部门设有热线电话上。同时，监管部门的各种监督检查结果、结论均为公开信息，公众可以随时查询。

法国地方重大投资项目要经过长达两年的前期准备，向社会公开，举行听证，立法允许公众广泛参与，地方行政机构认可和议会通过后方可由大区报中央政府。

（六）通过"决策信息公开化、监督机构独立化、项目管理合同化"等措施，保证政府投资决策的科学化、民主化与法治化

一是决策信息公开化。如同公司治理需要完善公司财务信息披露制度一样，美国的法律规定，联邦财政预算的形成和执行的全过程都必须公开进行，除极少数法律规定的情形外（如《联邦政府隐私权法》），联邦政府有关预算的正式文件都必须公之于众，以充分保证政府支出的公开性与透明度。这使得政府部门的决策，不仅受到国会的制衡与监督，同时也受到全社会的监督。为此，美国制定了《信息自由法》《阳光下的政府法》《联邦政府机构会议公开法》，规定政府必须提高行政行为透明度。澳大利亚政府也在1982年颁布实施《信息自由法》，以法律的形式赋予公民和在澳居住的外国人对

政府有关事务的知情权。

二是监督机构独立化。如英国，在项目准入阶段，要通过财政部政府商务办公室（OGC）组织的公共工程入门审查。这是一种并行审查的方式，审查者为和项目无任何关系的第三方。而在项目后评价方面，英国也有专门、独立的后评价机构，拥有法定权利要求其他政府机构提供其所掌握的任何记录或信息。独立监管机构对政府项目的事前、事后监督，提高了英国政府投资决策管理的科学化水平，已成为英国政府防治公共投资腐败过程中不可缺少的环节。

三是项目管理合同化。在美国公共投资项目实施的全过程中，业主、承包商、监理之间以合同相维系，信誉贯穿始终。法国公共投资项目立项及预算通过后，中央与相关大区、大区与省、省与市之间以及相关市镇之间的有关方面要层层签订合同，形成中央与地方之间完整的合同网络，从上到下都全面实行合同管理。合同管理在微观层面保证了政府投资在良好的法律环境中运行，强化了政府投资项目的内部管理与约束机制。

五　一些结论和启示

（1）国外相对于"市场"的公共部门投资大体也分为三类：中央政府投资、地方政府投资、国有企业投资。由于各国政体不同，三者的投资比例关系也不尽相同，例如，同为英联邦国家的英国和澳大利亚，两国就有较大差异。

（2）从国际经验比较看，我国政府财政支出中用于投资的比例高，用于搞建设的比例高，有其发展阶段的特定需要，但随着发展阶段的提升，应有所调整。未来，伴随我国从中等收入国家迈向高收入国家的进程，政府支出的增量应该更多地投向教育、卫生、养老金、社会保障、住宅等领域，政府投资占GDP比重、占全社会投资比重应有所下降。

（3）从美国等国的经验看，基础设施投资有着较明显的周期性，各行业各个时期之间，政府投资应有重点（例如，1956~1973年航空投资是美国政府交通投资的重点领域，而20世纪80年代是公共交通投资成为交通投资重点的时期）。在教育投资方面，除了保证经费总量稳步增长外，不同时期政府教育投资也应有所侧重；服务提供虽由地方负责，但中央政府教育经费的转移支付，随着国民经济的不断发展，应稳步提高。

（4）即便是市场经济体制十分规范的发达国家，住房提供也并非全凭市场，相反，公共性的住房投资是政府投资的一个重要部分。例如，1970年美国政府住宅投资将近22亿美元，而私人住宅投资为410亿美元（现价），政府住宅投资约占全社会住宅总投资的5%。

此外，卫生医疗体制转型要有立法的高度，要有政府投资持续增加的保障。例如，在1965年国会通过了《大社会法案》后，美国依法逐步建立了针对老年人的医疗补助制度和为穷人提供医疗服务的救助制度，由此，美国政府的医疗经费支出持续增长，从1970年占GDP的2%，不断上升到1980年的3%、1991年的4%、1995年的5%、2007年的6%、2009年的7%。

（5）美、英等发达国家在公共投资决策与管理方面"决策机构分权化、决策程序制度化、决策信息公开化、监督机构独立化、项目管理合同化"等政策经验，值得我们加以借鉴。提高公共支出与投资决策与管理的民主化、制度化与法治化水平，应成为未来我国公共预算管理与投资体制改革的重点。

第五章　国外地方政府融资的
主要经验及启示

一　国外地方政府融资的基本经验

（一）地方政府投融资活动在各国经济发展中起着十分重要的作用

从各国情况看，由于许多公益性、准公益性项目明显带有"地方性"，地方政府往往是基础设施等公益性项目的主要投资主体。例如，美国2007年州和地方政府的基础设施投资为3400亿美元，而联邦政府投资仅为1230亿美元。基础设施项目建设具有资金需求量大、需求具有超前性等特点，如果单凭地方政府眼下的财政能力，往往会出现巨大的资金缺口。各国在解决这一难题上的成功经验主要是建立多元化、多层次的地方政府融资体系。地方政府通过广开融资渠道，推动基础设施建设，在各国的经济发展历史中起着十分重要的作用。例如，美国地方政府债券对美国社会和经济的发展起着重要的作用。一个典型的例子就是，纽约州1817年开始开凿的伊利运河工程，就主要是依靠地方政府债券来筹集资金的。伊利运河的开通，打通了美国中西部粮仓通向东部人口密集区和欧洲的捷径，同时增强了来自欧洲和东部的移民前往中西部的交通便利性，奠定了纽约州在运输、贸易和金融业上的龙头地位。

（二）融资渠道多元化是国外地方政府融资的普遍特点

从各国经验看，为弥补地方政府融资需求的巨大缺口，往往需要建立多层次、多元化、多渠道的地方政府融资体系，既包括各类政府资金来源也包括各类社会资金来源。在政府资金来源中，除来自中央的财政资金转移外，还有地方的财税收入、收费收入、土地等国有资产的经营收入以及公益性投资基金等。在社会资金来源中，有来自政策性银行的贷款、商业性银行的贷款，此外，还可以通过发行市政债券进行融资，通过 PPP、ABS 等项目融资方式吸引民间资本。各国经验证明：多元化融资渠道的建立，既能保证地方政府建设资金的充足性，也有助于降低其融资成本。

（三）政体的不同使各国采取了各自不同的地方政府融资体制

以债务管理体制为例，从世界范围考察，按中央－地方分权程度，总体上存在四种地方政府债务融资管理体制：一是市场约束型（地方政府根据自身资金需求和金融市场资金供给状况自行决定是否举债及举债额度等），二是共同协商型（地方政府需要首先与中央政府就关键性的财政指标达成一致，然后可自主决定其举债行为），三是制度约束型（中央政府通过建立一系列制度，对地方政府举债行为进行约束），四是行政控制型（中央政府对地方政府债务进行全面的行政管理，包括事前审批、事中监管和事后检查，地方自主权很小）。

不同的时代，中央－地方之间财政体制的变革（如中央对地方的"分权化"改革等）也会对地方政府的融资体制产生影响。

例如，1989 年之前，英国地方政府拥有很小的自主融资权限。1989 年，英国颁布的《地方政府和住宅法》开始允许地方政府进行债务融资，但要在中央政府的借贷审批（credit approvals）允许范围内。中央政府对地方政府的借贷审批管理主要通过两种方式：一是年度总规模控制（不可跨年度），二是针对项目的规模控制（可以有两年的时间跨度）。而在 2004 年，新的《地方政府法》对旧的地方政府融资体制进行了改革，加大了地方政府的融资自主权，地方政府可以根据自己的财力（可偿付能力），通过发债和银行信贷为其资本项目融资，不再需要中央政府的审批。

（四）即使是在一国之内，地方政府融资在各地区之间也存在差异性

以英国为例。2007～2008 年，约 56% 的英格兰地方政府使用了债务融资的方式，主要集中在大城市的地方政府——约 99% 的大城市地方政府进行了债务融资，而只有 39% 的郡地方政府采取了债务融资方式。

美国各州政府的预算模式和融资模式具有差异性，不同的预算模式和融资来源影响了各州的投资规模水平。根据 Hillhouse 等人在 1960 年所做的调查，美国这一时期有 19 个州没有严格的资本预算程序，而另外 31 个州则将经常预算与资本预算严格区分开来。1968 年美国州政府协会的调查则显示，在美国大陆有 20 个州不太依靠外源借贷为其资本项目融资，而其余的州则借助资本市场进行债务融资。

从融资模式的地区差异看，位于美国东部的州更倾向于“花未来的钱办现在的事”，而西部的州更倾向于“现在有多少钱就办多少事”。美国学者 Poterba 的研究显示：有严格资本预算、主要借助资本市场的投资产品进行中长期融资的州与其他州相比，往往有更高的投资规模。

（五）完善的法治环境与市场机制是发达国家地方政府融资的重要体制基础

从发达国家的经验看，无论是地方政府的债务融资，还是鼓励民营资本的项目融资，要保证其健康、可持续发展，都离不开完善的法律制度作为基础。美国等发达国家主要是依靠相关的立法、决策民主化以及市场化的信用评级制度等法治化、市场化的机制来有

效控制地方政府债务风险。从项目融资看，许多大型基础设施项目建设往往已成为政府部门、项目发起人、银行、承包商、特许经营人及融资公司等多方共同参与的庞大、复杂的工程，涉及各个"利益相关方"之间的合约关系，健全的法律制度能够平等、公正地约束各方（包括政府部门），并维护各自合法的利益。国外发达国家这些经验给予我们的最大启示就是：要通过制度建设，将地方政府的融资行为纳入符合市场运行规则的法治化轨道，这是保证地方政府融资健康、可持续发展的长久之计。

（六）宏观经济形势及法律、政策等制度环境的变化会对地方政府融资方式的选择产生影响

地方政府融资受宏观经济、中央政府调控政策等外部因素的影响较大。以美国为例，受到宏观经济形势的影响，2002～2007年，美国联邦政府对基础设施的投入有所下降，从2002年的811亿美元下降到2007年的738亿美元。不过在金融危机爆发后，美国政府签署了《2009美国复苏和再投资法案》，开始加大联邦政府对基础设施的投入力度。根据该法案，各地方政府将获得相当可观的来自联邦政府的资金，用于改善其基础设施。例如，纽约将获得5亿美元的资金用于城市给排水系统投资、11亿美元的资金用于公路等交通基础设施投资。这些资金主要用于州及地方政府已经启动的项目，推动其顺利实施，从而使州和地方政府能够腾出财力启动、推进其他的项目。

法律环境的变化也会对基础设施融资产生影响。以美国为例，由于1986年税收法案的改革，美国政府部门在体育场馆融资中的作用更加突出，而现有的私募基金、产业基金法案则扩大了体育场馆融资的选择范围。

此外，资本市场的发达程度也会对基础设施的融资产生一定影响。例如，正是高度发达的资本市场，才保证了美国基础设施融资

方式的多样化、融资成本的合理化。

（七）鼓励融资方式创新是国外地方政府融资发展的新趋势

近年来，美国等发达国家在基础设施融资中，运用了大量新型融资方式、新型融资产品，包括基础设施收费证券化、次级债券、BOT 和 TOT、投资基金、金融租赁、收入债券、特许公司债券等，使基础设施融资方式的选择范围大为拓宽。

1. 基础设施收费证券化

基础设施收费证券化是资产证券化的一种，是资产证券化与基础设施项目相结合的产物。基础设施收费证券化是指以基础设施的未来收费所得产生的现金流为支持发行债券进行融资的方式，债券的还本付息来源于基础设施的未来收费所得产生的现金流。以基础设施收费为支撑发行的债券较容易被资本市场上的投资者所接受。而且由于仅仅转让了未来现金流，并未真正转让原始权益，能在有效保护国家对城市基础设施所有权的基础上解决资金问题。

2. 次级债券

次级债券在国际资本市场上用得很多，随着"长期负债等同资本"观念的传播，开始主要是作为补充银行资本金的融资工具，然后其运用的范围越来越广，成了公共基础设施融资上用于提升项目资信，以便进行更多融资的一种工具。例如：在美国得克萨斯州按规划要建造乔治—布什公路时，发现该项目本身收入并不足以单独在资本市场上融资，而州交通厅在财政上无法承担全部投入，这时就需要提升项目的资信使之得以利用资本市场。当时就是利用了次级债券的工具，即原本应由州交通厅提供的资金量增加到 1.3 亿美元，但这是作为债务而不是纯财政投资，同时这些债务是次级的，次于普通投资者所持有的债券。这 1.3 亿美元次级债务的存在，使得项目资信提升、投资者信心增加，结果在资本市场上以较低的资本成本获得了余下所需的资金。

（八）建立公共资金和民间高效配合的机制是各国地方政府拓展融资渠道的有效手段

20世纪90年代以来，许多国家在基础设施投资建设中开始大力鼓励"公私合作伙伴"这一融资方式，以促进公共资金与民间资金之间的高效配合，形成"优势互补"。公私合作伙伴实质上就是形成公私联营的融资结构，其基本特征就是：公共部门与私营部门通过"项目合约"共担投资风险、共享投资收益，政府部门的社会职责与私人部门的利益诉求在这一合作中都实现了效益的最大化。例如，美国的大多数体育场是采取公私合作联营的方式进行融资的。1992年美国建成的西部球馆，政府投资占39%，其余61%为私人投资，市政府拥有场馆的所有权，并与私人投资方分享一部分经营收益。具体出资情况是：菲尼克斯市政府投入0.35亿美元，菲尼克斯市太阳队投入0.55亿美元。

恰当地运用公私合作模式，不仅能减轻政府投资的压力，还能够有效提高公共项目的投资效率。在英国的公共投资项目中，只有30%的政府直接投资项目按时交付使用，仅有27%的这类项目控制在预算之内；而采取PFI的项目，约76%按时交付使用或提前交付使用，并且没有一笔建设花费超支。

二　国外地方政府融资的主要渠道

（一）来自中央政府的财政资金转移

来自中央政府的资金，是大多数国家地方政府融资的一个重要来源。在英格兰地方政府的资本性支出资金来源结构中，2005～2006年，中央政府转移支付和专项投资拨款各占了23%的比重。

（二）地方政府的财政收入

有部分国外地方政府不太依靠债务融资（例如，1968 年美国州政府协会的调查显示，在美国大陆有 20 个州不太依靠外源借贷为其资本项目融资），对于这些地方来说，地方政府现有的财政收入和其他收入就成了除来自中央政府的资金外最主要的资本项目融资来源。

（三）发行地方债

在美国等国家，发行地方政府债券是地方政府融资的一个主要途径。美国地方政府债务融资主要通过发行市政债券这一形式，辅之以银行借款和融资租赁。美国的市政债券按还债的担保条件不同，又可分为"一般责任债券"和"收益债券"。一般责任债券是以发行机构的全部声誉和信用为担保并以政府财政税收为支持的债券。收益债券，则是与特定的项目或是特定的税收相联系，其还本付息来自特定项目的收入或收益。截至 2008 年底，市场上投资者所持有地方政府债券总和为 2.69 万亿美元，是同时期美国政府债券总量 6.34 万亿美元的 42%。从 2003 年到 2007 年，除去用于现金流管理的短期债务，美国长期地方政府债券的年平均发行量近 4000 亿美元。

在日本，地方公债也是地方债务融资的主要方式，由地方政府直接发行，主要用于地方道路建设、地区开发、义务教育设施建设、公营住宅建设、购置公用土地以及其他公用事业。

（四）银行贷款

利用银行贷款是国外地方政府债务融资的另一个主要途径，包括商业银行贷款、政策性银行贷款、国际性和地区性银行贷款等。在贷款的使用上，商业银行贷款主要用于经营性项目；政策性银行贷款则针对准经营性公共项目。对于特大型的公共项目，则需要利用多家银行（包括商业银行、政策性银行）以及非银行金融机构进行联合贷款（即"银团贷款"）。银行贷款融资具有融资金额大、融资速度快、交易费用较低等特点，在大型基础设施融资中，往往发挥着重要作用。

法国的地方政府负债几乎全部来源于银行，很少发行地方债券。

（五）公共项目投资基金

公共项目投资基金既包括专门投资于项目建设和维护的基金（如美国的高速公路信托基金、内河航道信托投资基金等），也包括那些把项目投资作为其资产组合一部分的投资范围广泛的其他类型基金（如澳大利亚的麦格理基础设施集团基金、各类保险基金和欧美养老基金）。后一类基金主要是投向私有化程度高、法治成熟的市场，或以股权方式或以债权方式参与项目的投资。从各国的实践看，基金在项目建设中的作用是非常巨大的。美国的各种基金已达到4万亿美元左右，其中相当一部分投入基础设施，以获得长期稳定的收益。

（六）土地等国有资产经营收益

在英、美等国，有大量土地属于国有，美国土地面积的1/8属于公有土地。澳大利亚首都行政区（即堪培拉市）的所有土地都属国有，截至1970年，共有23000个公共土地租赁者。在这些国有土地之上，还有大量的国有资产（包括自然资源，商业、文化娱乐设施等）。因此，土地等国有资产经营收益也是国外政府为其资本项目融资的一个主要来源。对于地方政府（例如一个市的政府）来说，其拥有的公共资产主要包括市属的公共土地、国有企业、公共建筑及基础设施。从国外经验看，地方政府热衷于"土地融资"并不是我国特有的现象，这主要是因为通过土地等资产的经营、销售来筹集建设资金，对于一个地方政府来说，往往更具吸引力。一是其他的融资方式（例如提高税率、征收新的税种、增加项目收费，或向金融部门融资）往往会受到高层级政府的制约。二是政府经营土地，可以使其分享自身公共投资的成果——城市土地的普遍升值，也就是说，政府公共投资使城市土地升值，而政府土地经营从土地升值中获得可观收益，再将其用于进一步改善城市投资环境的公共投资上，形成良性循环。三是从具体项目看，公路、地铁、机场等公共投资会使周边地块升值，城市改造和城市规模的扩大，也会使原来的旧城区或城市边缘地带地价升值，地方政府通过相关地块的销售、租赁，可以筹集相当可观的一部分建设资金。

从印度的情况看，由于政治体制的不同，印度政府土地经营收益，更多地用在改善城市穷人的生活状况，而非城市基础设施的建设上。不过，近年来，印度的一些政治家和学者开始呼吁要学习中国的模式，建立城市"土地收益－基础设施投资"的转换机制，利用公共土地这一特别的资产，解决基础设施落后这一制约经济发展的瓶颈问题。例如，孟买市提出要学习"上海经验"，加大对公共土地的开发力度，并将国有土地经营收益的更大份额用于基础设施投资上。

（七）通过项目融资利用民间资本

近年来，通过项目融资鼓励民营资本（或以股权形式或以债权形式）参与公共项目投资，已成为各国地方政府投融资活动中一个十分明显的趋势。民间资本参与的公共项目领域越来越广泛。民间资本参与公共项目建设的方式主要有 BOT（Build-Operate-Transfer），BTO（Build-Transfer-Operate），ROT 或 LROT（Renovate-Operate-Transfer or Lease-Renovate-Operate-Transfer），TOT 或 OT（Transfer-Operate-Transfer or Operate-Transfer），BOO（Build-Own-Operate）等。

三　国外地方政府的投资结构与融资结构

（一）英、美等国地方政府的投资结构

1. 英国

在英国，英格兰地区地方政府在 2007~2008 财政年度的总支出额为 1540 亿英镑。该年度，约 3/5 的英格兰地方政府收入来自中央政府的拨款。其他的地方政府收入则包括地方税收收入、地方收费性收入、租金收入、资产销售收入以及资本收益。

2007~2008 年，地方政府的主要支出领域是教育支出（约占37%），社会服务支出则占 17%，此外，公共住宅占了 15%。2000~2001 财政年至 2005~2006 财政年，英国地方政府投资（资本性支出）呈现每年稳定增长的态势，地方政府的资本性支出从 2003 年到2004 年的 123 亿英镑增长到了 2007 年到 2008 年的 200 亿英镑。其中，2005~2006 年比 2004~2005 年增长 16.6%。教育投资和交通投资是这一时期英国地方政府投资快速增长的主要拉动力，其投资比重在 2000~2001 年至 2006~2007 年，分别从 18.9%、17.4% 上升到了 20.9%、20.4%。住房投资仍是各部门中比重最大的（见表 5-1）。从各地区差别看，各地人均地方政府投资呈现差异性，伦敦是人均投资额最高的地区。

表 5-1　英国地方政府的资本性支出结构

单位：百万英镑

项　　目	2000~2001 年	2001~2002 年	2002~2003 年	2003~2004 年	2004~2005 年	2005~2006 年	2006~2007 年
教育	1533	2064	2287	2780	3087	3492	3576
交通	1410	1877	2461	2552	2905	3461	3502

项　　目	2000～2001年	2001～2002年	2002～2003年	2003～2004年	2004～2005年	2005～2006年	2006～2007年
社会服务	156	158	199	260	284	387	468
住房	2779	3110	3828	3485	3987	4534	4338
农牧业	45	38	65	72	66	93	98
文化事业	194	213	208	196	227	329	348
体育娱乐	291	314	307	263	306	424	620
公安	291	359	408	513	561	606	673
消防	46	62	72	68	82	96	102
司法	22	33	40	37	46	1	1
其他	1341	1513	1631	2056	2725	3218	3403
总计	8108	9741	11506	12282	14276	16641	17129

注：其他包括环保、消费者保护和就业服务。

2. 美国

（1）美国州及地方政府的公共服务支出结构。2001～2002年美国州和地方政府总的财政支出规模为2048.7亿美元。教育支出占总支出的比重约为29%，社会福利支出的比重约为13.9%，医院和卫生的支出比重分别约为4.3%和2.9%，高速公路约为5.6%，航空约为0.8%，环境保护约为5.0%，房屋和社区发展约为1.5%，公共建筑物约为0.5%。

（2）美国州政府的投资结构。以1962年的情况为例，美国各州政府的资本性支出总规模约为272亿美元（按1982年不变价格），其中，公路等基础设施投资占了相当大的比重。而公共服务投资（包括教育、医院、自然环境、公共建筑等）占了约1/4的比重（按1982年不变价格约为68亿美元），其中：教育37亿美元、医院7亿美元、自然环境（如公园建设等）6亿美元、公共建筑（政府办公楼等）3亿美元。

（3）美国州以下地方政府的投资结构。以纽约地区例，2007
年，纽约地方政府总的资本支出规模为 37 亿美元，与 1997 年相比
增长了 70.2%。地方政府（包括所有的县、市、区、镇、村，但不
包括纽约市）的投资结构为：交通部门占 29.3%、环卫系统占
12.5%、公用事业占 6.1%、文化娱乐设施占 8.4%、公共安全占
15.5%、政府一般性用途（包括办公设施及征地）占 21.0%、其他
占 7.2%。从上述数据看，在不同时期的美国地方政府投资中，交通
基础设施投资和教育投资都占了比较大的份额（与英国的情况基本
一致）。

（二）国外地方政府的融资结构

从英国情况看，英国地方政府融资渠道是多元的，各种资金来
源渠道包括各地方政府的财政收入、资本进账（包括土地出售、其
他政府资产的出售）、借贷和中长期资本市场融资，以及来自中央政
府的财政转移和来自各部门的专项资金等。2005～2006 年，中央政
府转移支付和专项投资拨款各占了 23% 的比重，而有 230 亿英镑的
地方政府投资是通过自行借贷来筹集的，约占总资金来源的 13%。
债务融资的比重在年度间变动明显，2001～2002 年，债务融资占了
地方政府投资总资金来源的 26%，2007～2008 年，通过地方政府自
行举债筹集的资金仅占总资金来源的 16%。

四 各国在地方政府债务管理方面的主要经验

（一）普遍遵守"黄金规则"

各国地方政府在举债时普遍遵守"黄金规则"，即除短期债务
外，地方政府举债只能用于基础性和公益性资本项目支出，不能用
于弥补地方政府经常性预算缺口。

（二）建立符合国情的地方政府债务管理体制

1. 联邦制的发达国家：以美国为例

在地方政府债务风险约束方面，美国的主要成功经验包括以下几个方面。一是各州都通过有关的法律约束规范地方政府的举债行为。如有些州规定：债券要首先用于改进公用事业的长期项目，大宗发行债券需要投票表决。不少州还要求债券按系列发行，每一种债券的期限不得超过项目估计的寿命周期，每一种债券的收益都必须计入专项基金，并不得与政府其他基金混在一起。二是美国的信用评级制度十分健全，州和地方政府公债的信用等级至少要由穆迪投资者服务公司和标准普尔公司两家私人信用评级公司中的一家来评定。地方政府的信用级别对地方政府债券的发行、债券筹资成本、债券的流通性都产生重大的影响。投资者衡量地方政府支付能力的指标有：净债务与应税财产估计价值的比率，即税收支持的净债务与地方市政应税财产价值的比率；人均净债务水平；偿债资金需要量（还本付息额）与每年财政总收入的比率等。

从美国等国的经验看，客观、公正、公平和公开的信用评级制度，对地方政府改善其财务状况，提供了很有效的市场化激励机制及外部约束机制。

2. 单一制的发达国家：以日本为例

日本地方公债大体可以分为普通债券和公共企业债券两大类。地方公债的发行方式分为证书借款和证券发行两种。其中，证券发行主要有三种形式。一是招募。招募分为"私募"和"公募"两种形式。二是销售。由地方政府首先公布其发行数量和条件，然后由各承销商提出购买申请，最后在规定期限内向承销商销售债券。三是交付公债。交付公债是指地方政府在需要支付现金时，不直接付现金，而支付地方债券。

在地方政府债务风险约束方面，日本政府对地方公债的发行实行严格的地方公债计划和协议审批制度。日本地方公债的批准权在中央政府，因此，地方政府要发行债券时，需先向自治省申报，提出发行债券的用途、额度等。自治省审查后，将各地的发债计划进行汇总，并同大藏省协商，而后由自治省统一下达各地区的发债额度。日本政府还依据以下方针，确定当年不准发债或限制发债的地方政府名单：对于不按时偿还债务本金或以前通过不正当手段获取发债资格的地方政府，不批准发债；公债费占财政支出20%以上的地方政府不批准发行厚生福利设施建设债券，占30%以上的不批准发行一般事业债券；对当年地方税的征税率不足90%或赛马收入较高的地方政府限制发债；对出现财政赤字的地方政府和出现赤字的公营企业限制发债。

3. 发展中国家：以巴西为例

应该说，主要通过市场约束机制即能形成有效的地方政府债务管理，需要具备一系列制度条件，如：自由和开放的市场、市场主体充分了解地方政府的财政信息、不存在地方政府获得中央政府或上级政府救助的预期、地方政府能够对资本市场信号做出灵敏反应、较高的地方财政自给能力等。由于大多数发展中国家和转轨国家不可能具备这些条件，因此，对发展中国家来说，在使用市场约束机制的同时，还需要以相关规则制度来监督和约束地方政府的债务融资行为。

实施规模控制就是许多发展中国家控制地方政府债务风险的主要手段。实施规模控制的第一种方式为需求控制，约束作为借款方的地方政府，包括余额控制和增量控制两种方法。相关指标包括债务率、新增债务率、偿债率、利息支出率、债务依存度、资产负债率、负债率、短期债务占比和担保债务占比等。第二种方式为需求控制与供给控制相结合，既约束作为借款方的地方政府，也对向地方政府提供贷款的银行及非银行金融机构进行约束。以巴西为例，巴西在需求控制方面，对地方政府债务实行总额限制，明确定义为每个政府净收入的一定比率，并需经参议院通过。即使债务总规模已控制在上述规定限额内，地方政府也需满足一定条件才可举借债务。此外，宪法、财政责任法以及其他法律之间在对债务控制方向上也有所区别。在供给控制方面，巴西中央银行发布决议，对公共部门的债务余额（包括对公有企业的债务余额）限制在任何银行（包括私人和公有）净资产的45%以下。

（三）建立和完善地方政府破产制度

地方政府破产制度是各国在应对地方政府财政危机时采取的常见举措，即当地方政府无法偿还到期债务时，实施破产程序。从世界各国的情况看，地方政府破产法为债权人的追偿提供了一定程度的保护，无力支付的各级地方政府可以通过协商的债务重组、改组或重新筹集资金等方式解决债务问题。与企业和个人的破产立法不同，联邦以下各级政府的破产程序不包括为偿付债权人的债权而清算政府资产的内容。地方政府破产程序的目的是强迫地方政府进行负责的财政行为，而不是关闭地方政府，停止其运行。对于那些无力支付的地方政府，破产实际上给他们提供了扭转财务困境、恢复财政健康状况的时间。

启动地方政府破产程序是一种只有在地方政府财政管理严重不善的情况下才使用的激烈措施。另一种较为温和的方法是对其实施财政管理紧急控制，在这种情况下，上级政府通过特别控制手段，减少、减轻地方政府因管理不善而导致的财政和经济危害。例如在美国，有20个州拥有对处于财务危机中的市政府进行帮助和控制的法律条款。当地方政府财政紧急状况发生时（如地方政府连续两年无法支付债务或没有充足的资金弥补预算赤字），上级政府将建立一个委员会对其进行监管和提供技术帮助。陷入财政紧急状况的地方政府将和该监管委员会联合制订一个计划，以支付所有债务、养老金和其他必须履行的项目，同时减少相对次要的预算支出项目，以削减其开支。由于监管委员会的介入，该地方政府在一定时期内将丧失更多的地方财政控制权。

五　在应对金融危机时的一些新经验与做法

（一）根据新形势，推出新型地方政府债券

在金融危机期间，美国地方政府债券同其他美国固定收益资产一样，也受到不同程度的冲击。许多州和地方政府的财政状况也受到巨大冲击，如：加利福尼亚州有 200 多亿美元的财政赤字。受金融危机的影响，美国地方政府债券市场在一段时间内不能正常运行，即使是信誉优异的债券也不得不推迟发行。但总体上来说，地方政府债券，鉴于其高信誉的特点，受到的冲击相对较小。为使地方政府能在资本市场上更便利地融资，联邦政府在 2009 年 2 月签署的《2009 美国复苏和再投资法案》中，设立了一种新型地方政府债券，称为"建设美国债券"（或称 BABs）。BABs 只在 2009 年和 2010 年发行，最大的变革是利息收入不再免税，而使得其利息可以升高，进而能够吸引更多的投资机构，甚至包括国际投资者。同时，为了避免地方政府发行机构因利息升高而受到经济损失，联邦政府将退还地方政府发行机构 35% 的 BABs 利息。

（二）以政府资金提供信贷担保，鼓励银行部门放贷

为应对金融危机的挑战，各国政府都启动了大规模的基础设施投资计划，以刺激内需增长。但在金融危机的形势下，银行普遍惜贷，金融市场长期借贷的利率升高，许多经营性的基础设施项目由"可赢利"变为"不可赢利"。因此，要启动大规模基础设施建设，各国政府必须采取有效的政策措施，治理银行信贷萎缩的"病根"，

增强银行放贷的信心。例如，英国政府推出了一系列信贷担保计划，为银行新增贷款提供担保，已有 1000 亿英镑的资金获得担保。这些政策的推出，使企业的投资意愿和银行的贷款意愿都得到了增强。

（三）加大中央投资力度，加强地方政府对投资的规划与管理：美国纽约州的经验

据美国有关机构测算，纽约全州未来二十年的基础设施投资总额需要 2501 亿美元，其中交通基础设施需 1752 亿美元，城市排水系统需 362 亿美元，城市供水系统需 387 亿美元。而根据地方政府现有的投资增长规模，将会有大约 800 亿美元的资金缺口。

从金融危机形势下纽约州地方政府融资的情况看，有以下经验值得我们予以借鉴。

（1）良好的经济形势加上政策工具的创新，往往会推动地方政府基础设施投资出现较快增长。从基础设施投资的增长波动趋势看，受到州政府公债法的实施及联邦政府加大投入等因素的影响，1997～2003 年，纽约州地方政府的公路投资平均年增长率达到 8%，此外，烟草收入债券化等地方政府债务融资方式的创新，增加了地方政府用于投资建设的资金，这一时期是纽约州基础设施投资的高增长时期。

（2）经济危机会对地方政府的主要融资渠道来源产生负面影响，从而影响其投资的增长。由于 2001 年之后经济增长开始趋于低迷，加上"9·11"事件的影响，纽约地方政府投资在 2003～2007 年仅增长了 2.4%。同样地，供水、排水、污水处理基础设施投资也从 1997 年到 2003 年平均 6% 的增长率下降到了 2003 年到 2007 年 3.5% 的增长率。

（3）在特殊时期，要保证地方政府稳定、健康的投资增长，一方面需要中央政府加大投资支持力度，另一方面需要地方政府加强和完善投资规划和管理。金融危机爆发后，美国联邦政府签署的

《2009 美国复苏和再投资法案》，明确了联邦政府在未来几年将加大对基础设施投入的方针。同时，为保证地方政府投资的稳定增长，并促进其投资效率的提高，美国政府还采取了一系列政策措施，特别是强调要完善地方政府的投资规划，例如：开始进行地方财力可支付评价，测算资金缺口；对各类投资项目的优先性进行评价；鼓励绿色投资等。

六　主要结论和启示

（1）正视地方政府的融资需求。我国仍然处于大力发展公共事业阶段，地方政府的融资需求巨大（其中相当一部分需求是合理的）。因此，应借鉴发达国家在公共项目融资方面的成功经验，为地方政府融资开辟多元化的渠道。

（2）完善市场机制、建立法治化的体制环境是保证地方政府融资健康发展的根本。只有不断推进市场化、法治化、民主化改革，建立公共服务型政府、依法行政的政府，推进土地、资金等要素市场改革，消除要素市场资源配置中的各种体制扭曲，才能从根本上解决我国地方政府融资中存在的种种问题，建立起规范化、法治化、可持续的地方政府融资长效机制。

（3）正确认识"土地融资"的两面性。从国外经验看，经营国有土地并将其收益用于基础设施建设等公共项目投资，不失为地方政府经营城市策略的一个重要手段。从我国近年来的实际经验看，土地融资成为各地方政府的主要财源，在很大程度上缓解了地方政府公共投资资金不足的压力，对于改善城市基础设施、推动地方经济发展发挥了十分重要的作用。但土地融资中也产生了种种"体制扭曲"，地方政府热衷于经营城市，也会增大房地产市场泡沫的风险。由于地方政府与开发商是强势一方，土地融资也必然给政府体制的完善带来这样一个挑战性的课题：如何解决地方政府既是土地市场的管理者，又是其参与者的问题，如何使其他利益相关方（如城市居民和失地农民等）也分享城市土地增值的收益？因此，从中长期看，关键是要消除地方政府过于依赖土地融资的种种体制根源，将地方政府的土地财政纳入法治化的轨道，使其在充分市场化（而非要素市场"双轨制"）的条件下，在规则法治化、过程透明化的框架内发挥积极的作用。

（4）应适时推出地方债，并设立合理的偿还期限。地方政府债券在发达国家公共项目建设中发挥了很大的作用，随着我国投融资体制改革的不断深化，地方政府债券可选择具备条件的城市试点发行，并逐步推广，但要加强中央政府对其发行额度及使用范围的有效管理。由于地方债的资金是用于公益性、准公益性的建设项目，这些项目建设周期长、收益回收慢，因此，地方债券的期限应与公益项目使用期相匹配（根据其预期寿命设定借款期限），以减轻地方政府的现期财政负担。例如，美国州政府和地方政府发行的绝大多数公债是长期债务，其偿还期限往往超过 1 年，典型的有 10 年、20 年，甚至 30 年。从历史上看，长期债务占美国州及地方政府债务的 90% 以上。

（5）完善地方政府财政信息披露制度。实现地方政府的"阳光财政"是保证地方融资可持续性的一个重要前提。因此，应不断提升地方政府债务规模、来源、资金使用等方面的信息透明度。从中长期看，还应建立地方政府信用评级制度，使地方政府受限于市场规则。

（6）大力打造公共项目民间融资的平台。应降低民间资金的进入门槛，进一步转变政府职能，使政府部门逐渐从公共项目的直接投资者转变为公共项目的规划者和监管者。借鉴发达国家的成功经验，设计多种鼓励民间资本参与公共项目的融资模式，有效地调动民间投资公共项目的热情，建立公共资金与民间资金高效配合的体制。

　　（7）完善地方政府投资的规划和管理，提高公共投资决策的民主化程度。在经济增长下滑时期，要保持地方政府投融资的健康发展，一方面需要中央政府加大对地方的投资支持力度，另一方面需要地方政府加强和完善投资规划和管理（如对各类地方投资项目的优先性进行准确的评价），并增强公共项目决策的民主化程度，避免低效、不合理、不合民意的投资项目上马，给公共利益造成损失。

第六章 财政资金与信贷资金配合
使用的国际经验

财政资金与信贷资金之间能否实现高效而安全的配合，是国家宏观积极财政政策能否成功的关键。一方面，基础设施、中小企业、"三农"、环保等往往是银行贷款不愿涉足的领域，要吸引信贷资金的跟进，需要建立必要的财政激励机制，发挥政府资金的引导作用；另一方面，政府直接投资过多或对银行信贷的过度干预有可能产生"道德风险"，而信贷资金在被地方政府"准财政化使用"的过程中也有可能产生一系列问题，这需要我们建立有效的地方政府债务与银行信贷增长的风险控制机制。

他山之石，可以攻玉。了解世界各国在应对金融危机过程中在上述方面的有关政策经验，对于我们完善宏观投资政策及完善中长期的相关制度、体制建设，有着重要的借鉴意义。

一 各国在财政资金与信贷资金配合使用
方面的总体思路、经验做法

从各国情况看，实现财政资金与信贷资金有效配合使用往往涉及各类投资主体，包括政府部门的财政部、中央银行、地方政府、政府政策性银行、国有企业，以及私营部门的银行、其他金融机构和实体经济中的非金融公司、企业。在实现财政资金与信贷资金有效配合使用时，主要遵循"市场为主、政府引导"以及"公私合作、优势互补"的原则。主要手段则包括：通过各种政府干预措施，提高银行的放贷意愿；通过融资方式创新，为公共投资项目广开融资渠道；通过提供优惠贷款、贷款贴息、信贷担保等财政激励手段，引导信贷资金的流向，发挥政府资金的杠杆作用等。

各国经验都表明，实现政府资金与信贷资金之间的有效配合是十分必要的。在经济繁荣期（或经济发展的正常时期），政府资金与信贷资金之间的配合使用主要限定在外部性较强、信贷资金的进入存在一定市场失灵的领域（如基础设施、科技创新、新能源、"三农"等）。这时，政府资金以各种形式介入，将有助于提高上述这些领域投资项目的赢利性，同时降低其风险度，从而能有效引导银行信贷资金的投入。而在经济危机时期，在银行部门"不良资产"激增，各金融机构避险倾向增强、普遍惜贷，同时内需不振、大量中小企业面临更严峻的融资难困境的情况下，无论是在帮助银行业实现资产重组、启动大规模基础设施建设，还是在帮助中小企业消除融资障碍等方面，都需要财政资金与信贷资金之间实现有效的配合、协作。以 2008 年金融危机为例，各国政府在处理财政资金与信贷资金的关系方面，显示出与经济繁荣期明显不同的特点，政府（特别是中央政府）明显加大了对银行的干预力度，干预的深度与广度几乎是"空前的"。

在金融危机的形势下，美、英、日等主要国家政府普遍采取了以下政府干预措施（体现了政府资金与银行资金之间的合作、互助）：一是以大规模政府资金救助银行系统，让银行恢复造血能力，同时鼓励、要求其增加信贷；二是启动大规模公共投资计划，并提供相应的激励机制、风险分担机制，促进信贷等民间资金的跟进；三是靠政府资金提供担保等手段，让处于困难中的但仍有竞争力的中小企业获得必要的信贷支持。各国都希望通过政府资金的"救危扶难"，尽快帮助金融部门与实体经济之间恢复良性的互动关系。

二　各国政府在金融危机形势下以财政资金引导信贷资金的具体政策

（一）增强财政资金与央行资金之间的默契配合

在 2008 年金融危机后的救市措施中，各国都强调了财政部与中央银行的联手协作、财政资金与央行资金运用的默契配合。以美国为例，2008 年 10 月 3 日，美国国会通过了《2008 年紧急经济稳定法案》，推出了史无前例的 7000 亿美元的救市计划。在英国推出了直接向银行补充资本金的方案之后，美国政府也随即效仿，放弃原定的购买金融机构不良资产的做法，转而实施直接收购股权进行注资的方案。美国财政部公布的报告显示，财政部资产救助方案花掉的 3350 亿美元中，有 2500 亿美元被用于收购股权向银行注资。而 2008 年 11 月 12 日，为了帮助信贷市场恢复正常运作，美联储也推出了总值高达 8000 亿美元的振兴方案。根据该方案，美联储将动用其中 6000 亿美元购买住房抵押贷款及相关有价证券，另外 2000 亿美元用于促进消费信贷活动，以期刺激消费、激活抵押贷款市场。财政部将动用 200 亿美元为美联储的消费信贷方案提供担保。

2009 年 3 月 3 日，美国财政部及美联储联手启动了"期限资产支持证券贷款工具"计划。根据该计划，在 2009 年内，纽约联储将购买总计 2000 亿美元新发行的资产支持证券（ABS），以期带动最高可达 1 万亿美元的新增贷款规模。纽约联储将购买基于学生、汽车和信用卡贷款，以及中小企业管理局（SBA）担保贷款的证券。对于"2000 亿美元直接购买 ABS，以带动 1 万亿美元贷款"的说法，美有关专家称，可以将其理解为：政府为第一部分的资产做了担保。这样，由于对预期损失的上限有了一定的把握，投资者就敢于跟进。

在救市资金的筹措方面，美国政府既强调了财政资金与央行资金之间的配合，也强调了政府资金与民间资金之间的配合（即通过"公私合作"的方式来筹集更多的资金）。例如：美财政部、美联储和美国储蓄保险公司共同联手，并充分吸引私营金融机构（例如对冲基金）的资金，设立了总额约 1 万亿美元的基金，用于帮助陷入债务危机的银行清除不良资产，使其重新获得放贷能力（包括房贷、消费信贷和企业投资贷款）。可以看出，在财政资金撬动信贷资金方面，美国政府财政部与央行之间，既有各自之职责分工，又有彼此间的协作配合。

（二）出台帮助银行恢复信贷能力、鼓励银行增加信贷的政策"组合拳"

2008 年全球金融危机是典型的金融危机，因此，帮助银行系统恢复信贷能力成为各国经济复兴计划的核心任务。而要帮助银行恢复信贷能力，必须通过政府的必要干预来帮助银行治理其信贷萎缩的各种"病根"。为此，美、英等各国政府出台了一系列政策组合。

以英国为例，因为银行信贷的增长规模远不能满足经济增长的需要，恢复信贷增长成了恢复经济增长的首要前提。在各项救市举措中，英国政府首先对各大银行进行了大规模注资，增加了政府持股（例如，英国政府持有苏格兰皇家银行 70% 的股份），从而有效保证了这些银行的储户免遭资金损失。同时，政府大力鼓励企业的资本投资，较大幅度地降低了企业增值税。为解决企业融资难的问题，英格兰银行还设立了一个 500 亿英镑的基金，该基金的宗旨是通过购买银行、金融机构及大企业的资产，帮助其恢复投资。基金将购买高质量的私人部门资产，例如公司债券、商业票据和辛迪加（企业联合组织）贷款，从而帮助大公司以较低的成本获得所需资金。购买这些资产时，英国央行要保证整个经济体的总货币供应量不变。

由于政府已拥有苏格兰皇家银行大部分的股份，英国政府与其达成协议，要求其增加对大公司的贷款。此外，政府将与每家银行签署类似的贷款协议，协议涉及该银行在全国范围内面向居民和企业放贷的数量和种类，这些协议将经过外部审计（externally audited），对银行放贷产生约束力。而作为回报，银行将从政府部门得到各种支持。例如，财政部为银行的现有贷款提供担保，并收取一定的担保费。由于银行的问题是对其资产价值风险的担忧，政府的担保降低了银行放贷的风险性，使其放贷意愿增强、放贷空间增大。在操作这些方案时，英国政府要求采取国际上最严格的信息披露机制，保证其透明度。此外，消除信贷增长障碍的第二个方面是针对整个金融市场的。为此，英国政府推出了一系列信贷担保计划，为银行新增贷款提供担保，已有 1000 亿英镑的资金获得担保，使得英国金融市场银行间借贷利率从 6% 降低到了 2.25%。其中，英国财政部为 500 亿英镑新增抵押贷款提供了担保。

从亚洲地区的国家来看。全球金融危机爆发以来，韩国也面临银行越来越不愿意放贷的问题，为此，韩国金融委员会宣布，韩国央行和国有政策性银行——韩国产业银行，将联手向地方银行注资 12 万亿韩元，鼓励地方银行增加信贷。注资金额的多少将取决于受援银行的资产规模、资本充足率以及信贷记录。受援银行将被要求增加对实体企业的放贷，并加快内部结构重组，但政府不会干预受援银行的运营。

新加坡政府为应对银行贷款放缓的问题，也推出了"特别风险分担鼓励机制"（Special Risk - Sharing Initiative），政府将提供资金为商业银行的放贷分担相当一部分风险，但新政府也并不因此而干预银行的贷款行为。2008 年 11 月，新政府推出了"当地企业融资计划"和"小额贷款计划"，将政府风险分担的份额提高到 80%。此外，还推出"搭桥贷款计划"（Bridging Loan Program），政府将分担这类贷款 50% 的风险。从实践效果看，这些政策的推出，使企业的投资意愿和银行的贷款意愿都得到了增强。

（三）启动大规模的基础设施投资计划，并充分发挥财政资金撬动信贷等民间资金的杠杆作用

为应对金融危机的挑战，各国政府都启动了大规模的基础设施投资计划，以刺激内需增长。例如：美国政府于 2009 年通过《2009 美国复苏和再投资法案》，提出了为期两年、总额为 1800 亿美元的基础设施投资计划，这些投资将重点投入以下领域：一是经济基础设施，包括公路和桥梁（300 亿美元）、铁路（100 亿美元）、卫生和信息技术（200 亿美元）、宽带（60 亿美元）；二是绿色环保型设施，包括智能型输电网（110 亿美元）、公共建筑节能系统（530 亿美元）；三是社会性基础设施，包括学校与医院（230 亿美元）、污水处理（190 亿美元）等。联邦政府将通过规范的分配公式将资金切块分给各州，然后各州政府再负责选择具体的基础设施投资项目。法国政府在 2008 年底提出了 259 亿欧元的政府财政支出计划，其中包含 105 亿欧元的公共投资。在这 105 亿欧元新增投资中，40 亿欧元用于公路、医院、大学等基础设施建设，另 40 亿欧元主要用于铁路、能源和邮电系统的设备更新，而剩下的 25 亿欧元将分给地方政府用于当地基础设施有关的投资项目。德国政府为刺激经济复苏，也启动了 170 亿欧元的公共基础设施投资计划。

从 2007 年的数据看，美国私营部门的基础设施投资达到 21300 亿美元，相应地，州和地方政府的基础设施投资为 3400 亿美元，联邦政府投资为 1230 亿美元。私营部门基础设施投资是政府投资总额的 4.6 倍。因此，从较长期来看，经济增长恢复的关键在于私营部门恢复投资能力，而不是依赖一时的大规模政府投资。

此外，在金融危机的形势下，政府要动用大量资金去救市，财

力有限，财政状况可能趋于恶化。因此，要启动大规模基础设施建设，单靠政府资金，显然是不可能的，如何通过创新融资方式，有效撬动信贷等民间资本跟进，成为各国政府在落实经济刺激计划时所必须考虑的问题。

以印度为例：随着全球性金融危机的到来，印度经济也面临着银行惜贷、基础设施投资资金短缺的问题。而印度政府的财政实力不如中国政府雄厚，难以启动大规模的政府投资。为此，印度主要采取了鼓励公私合作伙伴关系（PPP）、发行特别债券给予银行资金以支持等措施。例如，在 2008 年底和 2009 年初，印度政府发布了两项以基础设施投资建设为重点的财政刺激计划，包括总额达 200 亿美元的公路、港口和电力项目的公私合作计划。2008 年 12 月，印度政府授权印度基础设施融资有限公司（英文简称"IIFCL"，一家公益性的国有企业）负责在 2009 年 9 月前通过 PPP 融资方式筹集 21 亿美元的资金，来支持 60 个高速公路项目的投资。2009 年 1 月，IIFCL 又被授权增发 62.5 亿美元的债券（享受免税待遇），对给基础设施项目贷款的银行信贷给予进一步的资金支持，此外，政府还鼓励非银行金融机构参与基础设施融资，预计非银行金融机构还将筹集 51.5 亿美元的流动性资金。

从国际经验看，基础设施投融资模式按投资主体来划分，大体可分为三类：完全政府投资、不同程度的公私合作（PPP）以及完全私人投资。在确定政府资金介入的方式与程度时，一般根据以下两项标准来进行分类：一是根据有无收费机制（即是否有资金流入），以此将基础设施建设项目分为非经营性项目和经营性项目；二是在经营性项目中，又按其是否有净收益，进一步区分为纯经营性项目和准经营性项目。纯经营性项目可交给民营投资去做，政府主要负责规划与监管。而准经营性项目则需要政府给予适当的补贴或优惠政策，通过恰当的 PPP 方式，为民营企业提供某种补偿机制与风险分担机制。而非经营性项目无资金流入，此类项目投资只能由政府来承担，或直接投资建设或出资向民营机构购买公共服务。国外基础设施融资渠道多元化的经验给予我们的启示是：将民营投资者能够胜任或通过政府提供一定的支持机制即能胜任的事尽量交给民营部门来做，政府部门就能集中有限的财力，去办该办的大事。

（四）通过提供信贷担保机制等手段，鼓励银行对中小企业的贷款

中小企业贷款难的问题在危机时尤为突出，因此，各国在应对危机的一揽子方案中大都包含了帮助中小企业更易于获得银行信贷的政策。例如，韩国大约有 300 万个中小企业，中小企业在韩国的经济发展中占有十分重要的地位。但危机发生以来，韩国中小企业的商业环境迅速恶化，制造业中中小企业的生产增长率显著下降，2008 年 8 月同比增长负 0.7%，中小企业面临更严峻的贷款难困境。为此，韩国政府针对有发展潜力、能够在此次结构调整中生存下来的中小企业，实施政策援助，主要包括：通过国有银行和商业银行向中小企业注资 50 万亿韩元，通过金融服务委员会向中小企业提供价值 25.2 万亿韩元的信用担保（比上年增加了 11.7 万亿韩元），同时还决定放宽中小企业获得信用担保的标准，提高担保额度。

在 20 世纪末亚洲金融危机爆发时，泰国政府也十分重视通过扶助中小企业来创造就业机会，保持社会稳定。1999 年，泰国政府财政部划拨 10 亿泰铢，同时吸收其他投资者参与，成立了一只为期十年的封闭式基金——"中小企业风险投资基金"，用于帮助中小企业提高其融资能力及管理水平。此外，泰国政府部门还成立了中小企业信贷担保公司（SICGC），在中小企业中选择竞争力较强的企业，为其贷款提供担保服务。SICGC 的主要股东包括财政部、政府储蓄银行、泰国产业融资公司以及泰国银行协会的成员。SICGC 在 1999年和 2003 年两次获得重新注资，至 2008 年其提供担保服务的贷款

额占到全部中小企业贷款总额的 2%。1999 年，泰国政府对 SICGC 的信贷担保业务进行了一系列的政策调整：将能够获得担保的中小企业资产规模限制从 5000 万泰铢提高到 1 亿泰铢、将担保贷款的限额从 1000 万泰铢提高到 2000 万泰铢、将最初的担保费从 2.00% 到 2.75% 下调到 1.75% 等。

（五）充分发挥政策性金融机构在引导民间信贷资金方面的作用

各国在推行基础设施 PPP 融资方式，帮助中小企业融资和扶持农村信贷等方面，都十分注重发挥政策性银行的作用。例如，在欧洲，政策性银行通过直接贷款、提供担保及政策咨询等方式在推广 PPP 融资方式方面起了较大的作用。1990~2003 年，欧洲投资银行为支持 PPP 项目发放了 150 亿欧元的贷款，其中公路项目所获贷款占到了 39%。美国政府对农业的支持资金也是主要通过政府性的农业信贷机构（如农产品信贷公司等）来发放。美国等国的经验显示，政策性银行通过其地方分支机构发放的地方性贷款计划（Local Loan Programs）在创造就业和产生投资杠杆效益方面比联邦政府直接投资的相关计划更有效率、效果更好。

在应对经济危机时，政策性银行在帮助银行和企业提高投资能力方面、在拓宽基础设施融资渠道方面，也发挥着重要作用。例如：韩国中小企业银行（政府持有 77% 的股份）专门为中小企业提供融资支持。韩国中小企业银行将其贷款的 85% 用于中小企业，对大量中小企业度过亚洲金融危机起到了关键性的作用。1999 年，泰国政府在应对亚洲金融危机时，也设立了三个新的政策性基金：权益性投资基金、泰国复兴基金和中小企业风险投资基金（分别面向大、中、小企业）。这三个主要由政府出资或控股的基金的宗旨是帮助泰国民营部门（既包括实体经济也包括金融部门）的企业降低资产负债率，减少其投资成本和投资风险，从而帮助民营部门增强投资的意愿与能力。

巴西在落实大规模基础设施投资资金来源时，除了依靠政府的财政资金外，还特别强调了政策性金融的作用，并通过其贷款支持，帮助民营企业提高融资能力。2007年，巴西政府出台了一项新的四年经济发展计划，其中最主要的内容是提出了一个总额为2360亿美元的基础设施投资计划，以加快公路、电力、供水、公共卫生和住宅等领域的投资建设。计划的主要资金来源包括：①财政资金的直接投入（约占13%）；②国有企业（如国家电力公司）的投资；③利用国家的养老基金和社会保障基金来投资基础设施；④加强巴西国家开发银行的作用（将其贷款的最长期限从14年提高到20年，将其对基础设施建设项目的放贷额度从其总投资的60%提高到80%）。例如：巴西Cess公司为其拟建的水电站，从巴西国家开发银行申请了2.7亿美元的贷款，其他资金则主要是通过与配电运营商预签30年的电力购买合同而筹集的。

三　主要结论与启示

从国外经验看，要实现财政资金与信贷资金的有效配合，主要是要解决三个问题：①如何在银行不愿放贷的时期（如金融危机时）和领域（如中小企业）提高银行的放贷意愿？②如何在启动大规模基础设施投资计划时通过融资方式创新吸引信贷等民间资金跟进？③如何在政府加大投融资力度和政策干预力度时，减少道德风险，提高资金效率并控制政府债务风险？

从各国经验看，建立有效的政府信贷担保机制是解决第一个问题的关键；建立合理有效的公共部门对民营部门投资公益性项目的利益补偿与风险分担机制是解决第二个问题的关键；而提高政府公共决策及财政状况的透明度，是解决第三个问题的关键。

在应对危机时，则需要大胆地创新政策工具和手段，加强财政部与央行之间、中央政府与地方政府之间的密切配合、协作，打出政策"组合拳"。此外，从各国情况看，政策性银行在配合政府应对危机的政策意图而积极引导民间信贷资金方面也发挥着独特作用，其有关经验也值得我们借鉴。

第四部分

公共服务与产业投融资

第七章 公共教育投资的国际经验比较

本章主要就各有关国家在相关时期公共教育投资的增长情况、教育经费的来源结构及支出结构、各国教育投资的成效、服务指标的变化等进行国际比较分析，同时也将介绍各国在促进公共教育投资和教育服务设施建设，改善教育投资绩效及保证义务教育普及性、公平性等方面的有益经验。

一 各国教育投资增长的规模水平及结构特征

（一）日本战后经济高增长期

20 世纪 50 年代中期至 70 年代中期是日本战后经济高速增长期，也是日本教育投资呈现持续高速增长、教育规模不断扩大的时期。经济的高增长为教育的高增长创造了广阔的需求空间并提供了充足的财力条件，而教育的高速发展反过来为经济的高增长及与此相关的产业结构升级提供了人力资源与科技进步的基础。就这一时期日本教育支出总额看，1955 年仅为 43.75 万亿日元，1975 年猛增至 961.13 万亿日元，20 年间约增长了 21 倍，年均增长率高达 16.7%，高于同一时期 15.2% 的年均经济增长率，结果是教育投资占日本国民收入的比重由 1955 年的 6.0% 提高到 1975 年的 7.8%。日本这一时期的教育投资增速也明显高于其他发达国家。1960～1975 年，日本公共财政教育支出的年平均增长率高达 20.1%，而美国、英国、联邦德国和法国分别只有 7.9% 、11.7% 、13.7% 和 15.6% 。

在日本，地方政府是兴办教育的主体。地方财政教育支出所占比重一般都在 70% 以上。这意味着经济高增长期日本教育投资的增长主要是靠地方财政教育支出的增长来拉动的。需要说明的是，在地方财政教育费来源中，有很大一部分（20% ~25%）来自中央财政的国库补助金。

从各级教育在学校教育支出总额中所占比重看，伴随着经济的持续增长，高等教育所占比重逐步提高而初等和中等教育所占比重相应下降。1955 ~1975 年，日本高等教育所占比重由 13.9% 上升至 18.3% ，初等教育所占比重由 44.5% 下降为 41.9% ，中等教育所占比重也由 41.6% 下降为 39.8% 。

日本教育支出中资本性支出（即相当于我国的教育基建投资）占国民收入之比重年度间差异较大，但在 1960 年后几年间，基本稳定在 1.1% 左右（见表 7 - 1）。1950 年教育基建投资出现大规模增长主要是为了修复许多在“二战”中被破坏的校舍，同时也是出于扩大义务教育规模的需要。而在 1961 年出现的教育基建高潮则是为了弥补中等教育适龄人口的增加所引起的中学校舍与相关设施的不足。

表 7 -1 日本公共教育支出中资本性支出占国民收入之比重
（1935 ~1962 年）

单位：%

年份	教师工资支出占比	资本性支出占比
1935	1.7	0.6
1950	2.1	1.2
1955	2.4	0.7
1960	2.6	1.0
1961	2.7	1.1
1962	2.8	1.1

资料来源：《1965 年日本教育标准》。

（二）经合组织国家

20 世纪 60 年代以来，各发达国家教育支出的增长速度普遍超过国民收入增长速度，教育支出占 GDP 比重持续上升。以德国与美国为例，教育支出占 GDP 的比重，德国 1960 年为 2.9%，1994 年达到 4.8%；美国 1960 年为 4.0%，1994 年达到 5.5%。

根据经合组织 2001 年《教育概览》等相关资料，20 世纪 90 年代以来，经合组织国家的教育投资及发展呈现以下特点。

（1）1998 年，OECD 各国教育支出占 GDP 的比重平均为 5.66%，其中公共支出占 5%，私人支出占 0.66%。

（2）经常性教育支出与资本性教育支出的比例为 91∶9。

（3）生均教育经费。初级教育各国平均为 3915 美元/人（按 PPP 测算，下同），中级教育为 5625 美元/人。

（4）私立学校总的支出比例为 9.1%，但近年来学校私营化进程加快，平均有 13% 的中小学生在私立学校就学，其中 10.6% 在"公办私立"（即政府投资、私人运营）的学校就学。

（5）1999 年，所有 OECD 国家初级与中级教育支出占 GDP 的比重平均为 3.6%，其中美国为 3.8%。

（6）相对于发展中国家 54% 的中学入学率和 9% 的高校入学率，90 年代 OECD 国家中学入学率达到 100%，高校入学率达到 64%。

（7）OECD 各国的数据显示，对大学教育的投资个人回报丰厚，而对中学的投资社会效益（如对国民健康状况改善、犯罪率降低、经济增长与社会和谐的贡献）更大。

（8）教育投资"正的外部性"决定了教育投资的社会收益大于私人收益，据测算，在 OECD 各国经济增长的每个百分比中，教育绩效的提高贡献了其中的 2/5（与此相关的另一个例子是：根据人力资源理论代表人物舒尔茨的测算，教育投资占美国物质资本形成总量的比重，1900 年仅为 9%，1956 年提高到 34%；1929～1957

年美国实际国民收入增长总量的 33% 是通过教育投资取得的）。

（三）印度

印度 1990～1991 年教育支出占 GNP 的比重是 3.7%，与 1950～1951 年的 1.2% 相比，教育支出的份额增长了 2.5 个百分点。据印度权威研究机构的测算，要实现义务教育完全普及的目标（同时兼顾中高等教育的发展），印度教育经费占 GNP 的比重需要增长到 6%。

相对初等与中等教育，印度高等教育支出的份额从 50 年代起到 70 年代末，一直处于不断稳定的增长中。到 70 年代末，高等教育支出占 GNP 的比重为 1%。但到 80 年代，印度政府将公共教育支出的重点转向初级义务教育，高等教育经费占 GNP 的比重回落到 0.56%（见表 7－2）。

表 7－2　印度各时期教育支出增长情况

年　　份	教育支出（百万卢比）	占 GNP 比重（%）
1950～1951	1144.0	1.2
1960～1961	3444.0	2.5
1970～1971	11183.0	3.1
1980～1981	36406.0	2.9
1990～1991	173007.0	3.7

计划资金中教育投资的份额显示了教育在政府投资优先排序中的地位。从第 1 个五年计划期到第 8 个五年计划期，印度政府计划配置的教育资金经历了由高走低、后又回升的曲线。在第 1 个五年计划期，7.8% 的计划资金分配给了教育投资。此后降到了第 6 个五年计划期的 2.7%，而后又回升到第 8 个五年计划期的 4.5%（见表 7－3）。

表 7 - 3 印度各计划期教育资金的配置份额

单位：%

计划期	教育所占资金份额
第 1 个五年计划	7.8
第 2 个五年计划	5.8
第 3 个五年计划	6.9
第 4 个五年计划	5.8
第 5 个五年计划	3.3
第 6 个五年计划	2.7
第 7 个五年计划	3.1
第 8 个五年计划	4.5

资料来源：印度政府五年计划文件。

印度教育投资体制长期以来以政府为主导，教育投资来源渠道单一，同其他发展中国家一样，不断增长的教育投资需求越来越受到资金瓶颈的制约。因而，近年来印度政府的各项教育体制改革主要围绕两个方面进行：一是提高公共教育投资的效率；二是鼓励非政府主体的投资，拓宽教育资金来源渠道。

二 各国教育资金的来源结构与财政负担机制

教育支出的来源结构揭示了在一国教育总的投资中各级政府财政负担的比例以及公共教育支出与私人教育支出的比例。从各国经验看，教育经费最初的来源与最终的使用者不一定是同一个主体。比如在美国，一般是由学区负责各公立学校的管理与运营（包括其投资），但其经费则主要来自州政府的财政转移支付，而一部分州政府的教育资金又来自联邦政府的财政转移。同样，公立学校最初的经费来源虽主要来自公共财政，但也有一部分来自私人、民间渠道。而从私立学校的最初经费来源看，也是既有私人资金也有公共资金。

例如：在许多发达国家就存在不少由私营部门运营但由公共部门承担部分或全部费用的私立学校。

从各级政府财政负担机制上看，各国公共教育投资体制主要分为"中央政府为主"型、"地方政府为主"型和"中央地方共同承担"型这三种。第一种如法国、意大利，75%的义务教育经费来自中央一级财政。第二种如美国，州及地方政府是教育投资的主体，来自中央一级的投入不足10%。第三种类型的代表国家是日本，中央财政负担了约30%的公共教育经费。

（一）OECD 国家

从 OECD 国家的教育经费来源结构看，公共部门占77%，私人部门占23%，在总的教育支出中，公共支出仍是绝对的大头，不过近年来非公共部门的教育支出在不断上升。20 世纪90 年代，大多数 OECD 国家公共教育支出增速超过 GDP 增速，公共教育支出占 GDP 比重不断上升。从基础教育与高等教育分配比例看，2000 年 OECD 国家用于中小学教育的公共支出占 GDP 的 3.4%（私人支出为0.3%），高等教育公共支出占 GDP 的 1%（私人支出也是 0.3%），其他教育服务的公共支出占 GDP 的 0.4%。

（二）日本

三和银行对1978 年的日本教育费总额调查显示：在 1978 年日本教育费总额（不包括企业的投入）中，公共财政负担教育费的2/3，而家庭负担教育费的1/3。而 OECD《教育概览》显示，地方政府是日本义务教育经费的最主要负担者。2001 年，日本地方政府在义务教育和高中教育方面分别花费 8 兆日元（占 69.8%的份额）和 3.67 兆日元（占 79.7%的份额），而在高教方面，学校法人财团是最大的投资主体，占其总投资的 51.9%。

日本义务教育经费负担机制经历了从早期的以家庭负担为主，

到后来的以地方政府负担为主，再到战后中央政府加大投资扶持力度而形成中央地方共担机制这三个阶段。1960年以后，日本的义务教育经费，中央和地方分别负担约30%和70%，显示出中央与地方共同兴办义务教育的原则，这也与日本中央集权与地方分权相结合的行政制度相一致。

截至2003年5月1日，日本各类学校数量及在校学生数如表7-4所示。

表7-4 日本各类学校数量及在校学生数（2003年5月1日）

项 目	学校数量（所）	在校学生数（人）		
		总计	男生	女生
幼儿园	14174	1760494	891753	868741
小学	23633	7226910	3697341	3529569
初中	11134	3748319	1915040	1833279
高中	5450	3809827	1927522	1882305
盲人学校	71	3882	2495	1387
聋哑学校	106	6705	3714	2991
残疾人学校	818	85886	55152	30734
技术学院	63	57875	47660	10215
高等学院	525	250062	29972	220090
大学	702	2803980	1716549	1087431
专业培训学校	3439	786091	361920	424171
总计	62086	20734350	10747453	9986897

资料来源：日本文部省。

（三）法国

据法国国民教育部的统计，1995年全社会教育投资总量中，中央政府占61.8%，地方政府占21.1%，家庭占11.0%，企业占5.4%，其他行政机构占0.7%。法国对义务教育的经费投入，实行的是由中央与地方政府共同分担但以中央为主的投资体制。法国义务教育投资体制的另一特点是实行中央补助制度。由于历史传统，法国的财政集中在中央，在全国各级政府财政预算收入中，中央预算收入所占比重较大（占 60% 以上）。因此中央财政每年均通过转移支付对地方财政予以补助，用于地方政府的公共事业支出，其中包括补助地方政府用于兴办义务教育的经费。法国对义务教育的公共投资，主要分为教师工资和学校校舍建设及行政运转经费两大项，教师工资全部由中央政府负责，这也在相当程度上减轻了地方一级财政在教育支出方面的负担。

（四）印度

一项关于印度教育资金来源的研究显示：在 50 年代 58% 的公共教育支出来自政府财政，此后，政府教育支出不断增加，教育支出的 85% 来自各级政府（包括中央政府、邦政府与当地政府），也就是说印度教育资金在过去几十多年内的增长主要是由政府投资的增加拉动的。在三级财政中，印度中央政府的支出份额自 80 年代以来呈现不断增加的态势，而中央财政的增加部分主要投向了基础教育领域。

（五）巴西

在巴西政府的主要支出中，用于基础教育的支出占到了 20%。从各级财政负担上看，基础教育支出结构中，来自国家和联邦的收入分配占 60%，城市自有资金占 25%，小城镇仅为 10%。

三 印度在基础教育设施投资方面的经验

近年来，印度政府及学术界充分认识到公共教育投资所创造的社会效益，虽然不能在短期内显现，但从中长期看，教育事业的发展对于提升劳动力素质、提高国民经济综合竞争力、改善人口健康

卫生状况及建设民主的"公民社会"，都起着十分重要的作用。印度
文盲率还较高，初级义务教育也没有普及，为适应未来经济发展的
需要并通过提高教育普及率来增进社会和谐，印度联邦政府在其
《国家最低共同纲领》（*National Common Minimum Programme*）中，
承诺要将公共教育支出水平提高到占 GDP 6% 的水平。

印度教育支出中资本性支出的比例还比较低（资本性支出仅占
印度公共教育支出的 0.87%），教育基础设施实际供给与潜在需求
之间的缺口较大，有许多村庄与城镇住宅区附近没有学校。印度现
有的许多校舍也存在设备简陋、过于拥挤的现象。大约 18% 的农村
小学没有固定校舍，20% 的农村小学全校只有一间教室，许多小学
及一部分中学缺乏必要的基础设施（如男女分开的洗手间、自来水
供应设施、电风扇以及电脑等教学设备）。要保证实现全民普及初等
教育，并进一步实现全民普及九年义务教育（同时还要兼顾高等教
育与职业培训教育的发展），印度未来一段时间内所需的教育基础设
施建设资金相当可观。因此，印度政府未来教育经费增量的很大部
分将用于中小学教育基础设施的建设，以改善其相对落后的局面。

印度政府教育规划部门在测算未来教育设施投资水平时，主要
考虑以下的因素：①测算要达到每村建有一所小学、每一个居民区 5
公里内建有一所中学的目标，目前教育设施建设的缺口有多大；
②预测未来人口的变动趋势及不同年龄组人口增长的情况；③为达
到适龄人口（15~24 岁）高校入学率 8% 这一目标所需的高等教育
设施建设水平（印度的高校入学率仅为 3%，而国际平均水平为
15%）；④未来经济发展对各种专业技术培训教育的需求及由此带动
的教育投资增长。

此外，由于教师工资占印度各级政府教育经费的很大份额，测
算教育设施投资的适度规模时，还应考虑相应的教师数量的增加及
由此带来的经常性支出的增加，使教育设施投资规模与相关年份政
府教育经费的增量水平相匹配（相关的教材费用、学校运行费用、

教师培训费用的增加，也应予以考虑）。例如，印度只有约 56% 的 5～9 岁适龄儿童上小学，要实现 100% 的小学入学率，同时将师生比提高到向 UNESCO（联合国教科文组织）所做承诺的 1：40 的水平（一名教师负担 40 名学生），就意味着小学师资力量至少要翻一番。

根据印度政府的相关规划，2004～2005 年，要实现 5～14 岁适龄人口全部入学的目标，而全印度 20% 的村庄在 2 公里范围内仍没有幼儿园，12% 的村庄在 2 公里范围内没有小学。因此，据有关研究机构测算，为实现全民义务教育的目标，印度仍需至少建设 1595661 个新教室（见表 7－5）。

表 7－5　印度实现义务教育 100% 普及率所需新建校舍的规模及投资量

指　　标	2004～2005 年
5～9 岁适龄人口（人）	116232967
10～14 岁适龄人口（人）	110593462
5～14 岁适龄总人口（人）	226826429
所需教室数量（以每个教室 40 名学生计，个）	5670661
已有教室数量（个）	3400000
已落实建设资金的新教室数量（个）	675000
还需新建教室的缺口数（个）	1595661
每个教室的平均造价（以 2005 年价格计算，万卢比）	15
需要新建教室的总费用（亿卢比）	2393.5
占预计教育资本支出总额的比重（%）	48.5

资料来源：印度政府教育部。

四　美国在促进义务教育公平性方面的经验

美国在促进义务教育公平性方面的主要做法有：①联邦政府的教育支出主要投向欠发达地区；②制定各学区最低生均教育经费标

准；③发行州及地方政府公债，用于改善一些中小学校的教育基础设施；④各州将教育经费的增量主要投向更困难的学校；⑤采取"有计划的"学生分配制度，保证各学校在学生生源上的平等性。

美国各州政府为保证义务教育投入在各校之间的公平性，往往制定了各学区最低生均公共教育经费的标准。但因为有些学校拥有更多的资源，而另一些学校可能需要更多的资金投入，经费支出上的均等化，有时并不能保证服务质量上的均等化。比如位于穷人区的学校，在筹集经费修缮旧校舍及支付一些必要的但并非预算范围内的运营费用时，往往不能像位于富人区的学校那样，轻而易举地从当地社区募集到必要的资金，其结果是这些学校的设备不能及时更新，教师得不到必要的培训或教室过于拥挤，进而造成有家庭支出能力的学生选择转学，留下的都是来自低收入家庭的学生。为解决这类问题，美国各级政府在过去十年内共发行了 115 亿美元的州政府公债及 230 亿美元的地方政府公债，用于改善一些学校的教育基础设施（包括修缮现有校舍及扩建新校舍）。

但发行公债只能用于学校的基建而不能用于其他项目的支出。为消除"富校"与"穷校"之间的差距，美国各州政府还采取了将教育经费的增量主要投向更困难学校的做法。如马里兰州实施了一项六年计划，将学校年度经费增加到 13 亿美元（约增长 35%）。这些新增加的资金主要优先投向那些穷学生居多的学区，比如巴尔的摩市就是这一计划最主要的受益地区，来自州政府的援助资金将使其生均教育支出从 6073 美元增加到 11381 美元。

此外，考虑到影响受教育公平性的一个主要障碍是多数低收入家庭的子女集中在几个学校就学（这往往使这些学校竞争力减弱，加剧"穷校更穷"的局面），因此，美国许多学区都采取了"有计划的"学生分配制度，即根据每个学生父母受教育程度、种族背景、住宅区的环境等，将不同家庭背景的孩子进行"混合分配"，从而尽量避免"富校"与"穷校"的分化而造成受教育的"起点不公"。

实践证明，来自低收入家庭的学生在"混合型"学校中，往往会取得更好的学习成绩，而学校本身也运转良好。例如，自1993年起，最先尝试这一学生择校制度的威斯康星州拉克罗斯的两所高中，学校的综合考试成绩均明显提高。

五 各国经验对我国的启示

（1）不仅在美国等发达国家，就是在印度等发展中国家，公共经费均占义务教育投资总额的85%~90%（相比而言，我国义务教育总经费中财政性经费所占比例过低，1996年这一比例仅为74.58%）。义务教育应由政府兴办，其经费由政府公共经费承担，这是国际通行的做法，已被教育经济学理论以及各国实际经验证明是最能兼顾公平与效率的做法，只有这样，才能实现基础教育投资社会效益的最大化，并切实保证每一位适龄儿童获得接受义务教育的平等机会。

（2）法国、日本等国在19世纪末也曾让基层地方政府承担义务教育投资的主要责任。这种低重心的财政负担机制往往导致基层地方财政"事权过多、财权不足"，并因各地财力的差异而影响义务教育的真正普及。为解决这一问题，后来各国都采取了加大中央和州、省一级地方政府的投资责任，使政府投资重心适度上移的改革措施。如日本通过采取国库负担制度、国库补助制度以及地方交付税制等，解决了经济落后地区教育经费不足的问题，保证了义务教育制度的落实。参照各国经验，我国也应适时调整中央与地方财政负担比例，并建立起有效的政府财政转移支付制度，保证经济落后地区具备兴办义务教育的足够财力，从而保证义务教育在地区间获得较为均衡的发展。

（3）日本60年代初每年用于教育基建的投资就占到GDP的1%以上，在人均GDP 1000美元时，教育经费支出占GDP的比重就达到5%。各国都将政府公共教育投入增长的目标写入有关的法律规定，向国民做出公开承诺。如日本在教育财政方面，颁布有《义务教育国库负担法》《市镇村立学校教职员工资负担法》《日本私立学校振兴财团法》等法律，将教育财政制度纳入法治化轨道。此外，公共教育投资的回报，可能会有一个"时滞"（例如印度近年软件业的高速发展就是得益于前些年政府加大了对IT院校的投资支持力度），因此需要政府"高瞻远瞩"，根据未来社会经济发展的需要，制定立足中长期的教育发展投资规划。建议我国政府也应逐步将教育投资规划纳入法治化轨道，并在每一个五年规划中规定政府公共教育费增长的量化目标，保证其逐步增长，争取在2020年前后提高到占GDP的5.5%左右。

（4）应充分关注落后地区和弱势群体受教育的公平性问题。国家教育经费应向经济落后地区倾斜，向低收入阶层倾斜，向初级教育、基础教育倾斜，并以制度化的措施避免教育资源分配不均而导致基础教育服务水准的贫富分化。这不仅是消除社会不平等、保证社会和谐的需要，也符合效益最优的原则——根据各国经验，对初级与中级教育的投资其社会效益要超过对高等教育的投资，经济较落后地区教育投资的回报一般要超过经济较发达地区，而面向低收入家庭的公共教育投入其"正的外部性"往往超过对富裕家庭的同等投入。

（5）优化教育资金来源结构，建立起作为公共产品的义务教育完全由各级政府共同承担，作为准公共产品的中、高等教育由政府、社会、个人分担，作为私人产品的其他教育服务完全向社会主体放开的新型教育投融资体制。

第八章　日、澳、印等国在公共卫生设施建设方面的经验

社会发展越来越成为各级政府工作中的一个重点。政府投资转向以公共服务领域为主，特别是为广大农村地区、落后地区及低收入群体提供必要的基本公共服务，这是构建和谐社会的题中应有之义。而在各种公共服务中，公共卫生以其具有明显的外部性，是市场机制最易失灵的领域，需要政府必要的财政支持及政策上的积极引导与干预。为构建公平、高效率的公共卫生体系，政府应特别关注农村及广大落后地区的卫生医疗设施建设，根据国情制定切实可行的发展规划。他山之石，可以攻玉。在加强欠发达地区、农村地区卫生设施建设，实行基本公共卫生服务均等化方面，日本、澳大利亚等发达国家，还有印度等发展中国家，都在过去与现在的实践中积累了许多有益的经验，值得我们加以充分学习和借鉴。

一　日本的经验

战后日本在公共卫生设施建设方面，主要有以下成功经验。

（1）制定不同时期公共卫生设施发展规划，确定不同时期的建设重点。如20世纪50年代中期至70年代，公共卫生设施的建设重点主要侧重于各级地方保健所和三级疾病防疫体系的建立。而70年代中期至80年代，则以建立急救医疗体系为公共卫生投资的重心，在全国各都道府县陆续建立并完善初级、二级及三级急救医疗体系。

（2）保持较高的政府公共卫生支出比例，为公共卫生基础设施建设提供充足稳定的财源。AIHW 卫生支出数据库的数据显示，日本政府支出占卫生支出总额的比重高达 80%，在亚太国家或地区中名列第一。

（3）国家对边远地区的医疗设施建设与运营经费给予补助，如边远地区定点医疗机构的医生与护士的派遣、巡回医疗服务、当地医护人员的培养等所需经费，国家补助标准一般占到所需经费的 1/2。

（4）实行财政投融资制度，如建立"医疗金融公库"、向市场发行"财政投融资机构债"，为医疗卫生基础设施建设广开融资渠道。

（5）重视利用民间力量，鼓励各种法人组织和民间机构进入医疗服务市场，兴办医院、诊所、护理中心等私立医疗机构。政府除加强必要监管外，同时给予必要的扶持（如为民间机构提供低息贷款等）。

（6）在医疗供给体系中引入必要的竞争机制，提高公立医院的经营效率，同时将政府财力集中于具有明显外部性、公益性强、低营利性的公共卫生服务领域（如全国性的传染病防治体系，为边远地区民众、弱势群体提供医疗服务等）。①

二　澳大利亚的经验

澳大利亚在 2002~2003 年用于卫生基础设施建设的投资（资本性卫生支出）达到 15.66 亿澳元，占整个卫生支出的 2.2%。而在 2003~2004 年达到 16.62 亿澳元，增长 6.1%。不过因为卫生基建项目一般都需要较大的资金投入，而设施的使用年限往往很长（如

---

① 纪万师：《日本公共卫生机制重在引入竞争》，《中国经济导报》2003 年 6 月 11 日。

建筑屋的寿命通常在 50 年以上），所以卫生支出中资本性支出部分往往年度间波动较大，考察短期内的卫生基础设施投资水平并不能充分说明问题。从表 8 - 1 中，我们可以看到 90 年代以来，澳大利亚的卫生基础设施投资规模为 15 亿～27 亿澳元（相当于 74 亿～132 亿元人民币）。

表 8 - 1　90 年代以来澳大利亚按资金来源分的卫生基建投资规模
（2002～2003 年价格）

单位：百万澳元

财政年	联邦政府	州及当地政府	非政府部门	总计
1993～1994	71	964	882	1917
1994～1995	6	1050	838	1894
1995～1996	61	945	866	1872
1996～1997	48	1188	1022	2258
1997～1998	57	1477	1056	2590
1998～1999	169	1100	1067	2336
1999～2000	33	1402	1153	2588
2000～2001	123	1634	875	2632
2001～2002	166	1467	477	2110
2002～2003	139	1135	292	1566
2003～2004	157	1201	304	1662

资料来源：AIHW Health Expenditure Database。

从各个投资主体看，澳大利亚联邦政府的卫生基建支出主要是用于对各级地方政府的转移支付、财政拨款与补贴。而州政府与当地政府的卫生基建支出主要是拨付给公共卫生服务的提供者（如公立医院及社区医疗中心等），用于其新建与扩建卫生基础设施的需要。90 年代，澳大利亚各州中昆士兰州的卫生基建投资规模较大，主要是因为该州的一些公立医院设施老化，需要重建。通常，非政府部门的卫生基建投资主要是投向私立医院和私人卫生护理中心的设施建设，往往占整个卫生基建投资的 1/3 ~ 1/2。

澳大利亚在促进农村边远地区、土著人口居住地区卫生设施建设，提高公共医疗服务在这些地区的可及性方面，积累了不少比较成功的经验。这些经验主要包括以下一些。

（1）制定了要在 2020 年使农村与边远地区人口卫生状况达到与城市基本相同的目标。

（2）针对这些地区设计更适合他们生活与文化环境的医疗服务系统（有别于大都市的医疗服务系统）。

（3）关注土著居民孩子及母亲的卫生状况，降低慢性病在下一代的发病概率。采取的措施主要有：改善土著人口社区的公共卫生条件（特别是生育条件、安全及营养条件及受教育的环境），加强这些地区的医疗设施建设，培养面向土著人口的医疗工作者。

（4）采取高薪聘请等措施鼓励医疗服务人员到边远地区工作。

（5）为边远地区的居民提供必要的看病交通费补助。

（6）加强医疗、教育、研究、电信、供水等多部门之间的协作，共同致力于改善落后地区的公共卫生条件。

三　印度的经验

印度的医疗服务供给体系是由各种公立与私立医疗机构构成的。表 8 - 2 显示在医院与诊所的数量方面，私立医疗机构占了总数的 64%，而在病床数方面政府医疗机构占了 61%（也就是说政府公立医院平均规模较大）。政府还是多数门诊服务的提供者。据印度全国应用经济研究理事会（NCAER）的调查，农村地区 61% 的相关医疗服务是由公立医院提供的。相对而言，私立医院只提供了 39%。而在城市地区这一比例大体相同，分别为 60% 和 40%。此外，在印度有某些医疗服务（主要是计划生育和预防性医疗等方面的服务）是由政府资助的非营利性私立机构提供的。

表 8 - 2　印度卫生医疗设施分布的城乡结构与
所有制结构（1991 年）

指　　标	城乡结构			所有制结构			
	农村	城市	总计	政府	社团	私人	总计
医院（所）	4310	9382	13692	4235	344	9113	13692
医院病床数（数）	122109	474094	596203	365696	19520	210987	596203
诊所（个）	11080	16323	27403	8377	1758	17268	27403
诊所病床数（张）	13000	12173	25173	13241	1336	10596	25173
医生数（人）	25961	372367	398328	39466	—	—	—
护士（人）	275015	36220	311235	—	—	—	—

资料来源：Health Information of India, Central Bureau of Health Intelligence, Ministry of Health and Family Welfare, Government of India（1994）。

　　作为发展中的人口大国，印度依然存在城乡之间医疗卫生资源的不平等。占总人口数73%的农村地区只拥有37.4%的医疗机构和21.7%的病床，而由于多数注册医师不愿去农村工作，农村地区医疗人力资源也相对匮乏。

　　为尽快改变这一局面，实现"2000年所有人享有健康"的目标，印度政府90年代以来制订了一系列农村卫生发展计划，以提高公共医疗服务对于广大农村人口的可及性。这些计划包括在一般地区为每5000人、在少数民族及落后地区为每3000人建一个基层卫生站，在一般地区为每30000人、在少数民族及落后地区为每20000人建一个初级医疗中心（Primary Health Center），同时在每80000人到120000人的区域建一个至少有30个病床、4位专家的社区医疗中心（Community Health Centers），[①] 从而构建起一个覆盖面广、卫生资源配置合理的农村医疗设施体系以及由各级医疗组织形成的分工明确、垂直管理的服务供给体系。

——————————

① Charu C. Garg, Equity of Health Sector Financing and Delivery in India, 1998.

四　结论启示及政策建议

（1）各级政府应高度重视公共卫生事业的发展，应努力提高公共卫生支出占国民收入的比重，确保公共卫生基础设施建设具备足够的财力。同时政府公共卫生投资应向农村落后地区倾斜，向低收入群体、弱势群体倾斜，实践证明，以穷人为受益群体的公共卫生支出所产生的社会效益（即正的外部性）最大。

（2）制定公共卫生发展规划，确定各个时期公共卫生设施建设的重点地区、重点领域与重点项目。

（3）发挥政府资金的杠杆作用，采取财政补贴、低息、定向定额补贴、税收优惠等多种方式，鼓励、引导全社会增加对农村落后地区卫生基础设施建设的投入。

（4）逐步在医疗服务市场中引入竞争机制，同时加强政府对各类卫生医疗服务机构的监管，以解决卫生供给体系存在的"双重失灵"问题（既存在市场失灵也存在政府失灵）。

（5）参照印度的经验，制定最低的相对于人口密度的医疗服务设施配置的标准，以此评价医疗设施分地区的建设缺口，用以指导未来的农村医疗基础设施发展与建设。

（6）培养适合从事农村医疗服务的专业人才，采取切实可行的激励机制鼓励医疗服务人员到农村及边远地区工作。

（7）建立大中城市医疗专业人员定点、定期支援农村基层卫生机构的长效机制，鼓励面向农村地区、边远山区、少数民族地区的医疗巡回服务。

第九章 国外促进可持续能源
投融资的经验

自 20 世纪 80 年代以来，无论是美、英等发达国家还是巴西、印度等发展中国家，出于应对石油危机、增强能源供应安全性，以及解决能源过度消费所导致的环境问题等多种目的，开始越来越重视节能与可再生能源的发展。各国都从颁布相关法规、制定发展规划、建立各种形式财税激励机制、加强能源与环保方面的社会监管等方面，采取有效的公共政策干预措施，来解决节能与可再生能源发展所面临的"市场失灵"问题，消除其市场进入与融资障碍，从而鼓励节能与可再生能源投资，推动节能与可再生能源技术的应用与产业的发展。了解这些国家在节能与可再生能源投融资方面的经验和教训，对于我们探索建立市场经济条件下的可持续能源投融资体制，从而实现提高能源效率、降低能耗与污染的可持续发展战略目标，显然有着十分重要的借鉴意义。

一 节能与可再生能源投融资的特点

节能与可再生能源项目与传统的能源项目相比通常具有前期资本投入高而运营成本较低的特点，因此实际上更加有赖于得到外源融资的支持。同时，由于可再生能源项目的规模较小，因此其"交易成本"较高（包括前期规划费、工程费、咨询费、法律费用等）。而节能与可再生能源技术的研发、应用推广往往并不能给企业带来眼前的利益，在形成一定规模的成熟市场之前又具有较高的投资不确定性与风险，金融机构往往由于缺乏对这类项目进行投融资的经验，通常将其视为"高风险"项目而"慎贷""惜贷"。因此，如何增强企业界投资的动机与金融界融资的信心，就成为促进节能与可再生能源投融资所必须面临与解决的问题。

可以说，节能与可再生能源项目与"高能耗""高污染"的传统能源项目相比，一个存在"外部正效应"，一个存在"外部负效应"。但由于"市场失灵"，在缺乏公共部门必要支持的情况下，节能与可再生能源项目与传统能源项目相比，在价格、融资等方面往往处于竞争劣势，通常会面临交易成本高、投资风险大、融资困难等投融资障碍与风险。

二 "政府支持、市场为主"是各国促进可持续能源投融资的基本模式

在西方各主要发达国家中，市场是配置资源的基础性力量，节能与可再生能源项目自然也不例外，其投资最终还要靠企业这一市场主体来完成，而依靠资本市场融资（包括银行信贷与股票、债券等间接融资及项目融资等）依然是其主要的资金来源渠道。但节能与可再生能源投资的这些特点，决定了政府必要的干预（包括公共财政的必要支持）对于促进这一绿色产业的发展，又是必不可少的。

从国外经验看，政府的政策干预措施有多种多样的形式，而且往往因国别不同而有所差异，但其主要目的都是建立一种有利于节能与可再生能源长期发展的价格支持机制、投融资支持机制，使其成本/价格具有赢利性、稳定性与可预见性，从而能够得到投资者与消费者的青睐，并形成中长期稳定增长的市场，而这反过来将进一步增强投资界的信心，使这类项目易于在资本市场上获得融资机会。

在连接企业界、资本市场、消费者这三个环节的"市场链条"

中，政府起着不可或缺的作用。政府建立恰当的政策框架，解决"外部性"问题，才能使节能与可再生能源"赢得市场"——获得愿意使用并为之付费的消费者、愿意为之投资的企业与愿意为之融资的金融机构。而这三者间形成良性互动、不断增长的市场，才能使节能与可再生能源逐渐从能源消费的"边缘"走向"主流"。

总之，有政府支持能弥补"市场失灵"，以市场为主则避免"政府失灵"，可持续能源投融资需要政府与市场各自的"恰当定位"与彼此的"默契配合"，这在国际上已取得广泛共识，是各国促进可持续能源投融资的基本模式，也应该是我国探索建立市场经济条件下可持续能源投融资体制的基本政策取向。

三　各国促进可持续能源投融资的具体做法

（一）政府通过相关法律、政策与规划的制定，引导公众意识，促进节能与可再生能源市场的形成与发展

回顾西方各国近些年来所走过的可持续能源发展之路，可以看到，政府的必要干预首先体现在要建立一个有利于可持续能源发展的公共政策与法律框架体系，通过立法、制定规划及加强宣传，形成公众支持的氛围，从而引领市场需求，创造投资商机。如美国1975年颁布了《能源政策法》，1978年颁布了《国家能源政策法》，1992年颁布了《国家节能的政策法令》，通过建立完善的法律框架，来依法进行能源开发、投资、生产与消费各环节的管理。日本1998年修改后的《节能法》，对企业与政府的相关职责都做了严格、清晰的界定。自1998年京都会议以来，多数国家提高了对发展可持续能源的重视程度，将提倡节能与开发可再生能源作为解决当前全球环境问题的重要措施，许多国家都制定了发展可持续能源的具体战略目标。如德国在20世纪90年代初就制定规划，提出了利用30年左

右时间发展风能等可再生能源技术来取代核电技术的战略目标，这一决策大大增强了企业界开发可再生能源技术产业的信心，使德国在不到 10 年时间内，迅速建立起了风力发电的产业体系与市场。

政府部门积极开展有关的宣传、教育和培训，引导公众意识，使公众普遍接受对环境有益的"绿色能源"技术，对于促进节能、可再生能源产业的发展，也起着十分重要的作用。公众的认可、认同是企业界发展节能与可再生能源技术的强大动力。可再生能源技术产业在纽约、伦敦等主要国际股票市场上长期以来都是受欢迎的绩优股，从另一方面说明了唤起公众能源环保意识的重要性。

许多国家政府都制订了可再生能源、清洁能源推广计划，并率先在汽车工业、建筑业等行业进行试点，使之起到"以点带面"的示范作用，如美国联邦政府推出在 2005 年购买 10 万辆清洁汽车的采购计划、澳大利亚对车用汽油制定了严格的排污标准、英国贝丁顿建立"零能源社区"等例子，都很有借鉴价值。此外，政府部门还可利用重大公共投资项目的示范效应，为"绿色能源"的发展"造势"，如澳大利亚通过举办 2000 年悉尼奥运会，在运动员村和体育场馆设施中全部采用太阳能发电，以此宣传、鼓励对新能源的应用。

（二）政府投资支持关键技术的研发，加强与私营部门的合作，促进节能与可再生能源技术的产业化

节能与可再生能源关键技术的研发往往需要以公共部门先期投入为引导以及产业界、企业界的"随后跟进"，从而快速实现这些技术的产业化、商业化。而在这一过程中，加强公、私部门的合作是关键。在过去二十多年中，美国政府通过制定可再生能源发展战略，优先支持太阳能光伏电池、风力发电装备等关键技术的研发，引导企业界的研发投资，使美国在该领域一直保持着领先地位。而澳大利亚政府通过加强公共部门研究机构与企业界、产业界之间的合作，实现两者之间"共担风险、共享成果"，有效带动了企业界投资

"绿色产业"技术研发的积极性,加速了关键技术的科技成果转化与产业化进程。

(三)采取各种财税激励手段以及市场规制手段,通过政策参数的引导,鼓励市场主体参与可持续能源的投资

各国政府鼓励、引导可持续能源发展的公共政策措施,都遵循"基于市场"的原则,以"市场化手段"为主,即主要通过采取各种财税激励与市场规制的措施,一方面降低节能与可再生能源的投资成本与进入门槛,另一方面提高"高污染"与"高能耗"项目的投资成本与进入门槛。通过改变市场的政策参数,引导市场主体的投资从使用高能耗、高 CO_2 排放的技术自然转向使用低能耗、有益环保的节能与清洁能源技术。

经济激励机制是政府引导企业的一个最为有效的手段。各国政府为鼓励企业发展节能与可持续能源技术,都制定实施了一系列财政鼓励性措施,如财政资助,税收减免,投资补贴,提供无息、贴息贷款,加速折旧,排污费减免,提供奖励等。此外,通过能源标识、能耗标准的设立,规定企业排污限量等市场规制措施以及引入排污权交易等制度安排,也有助于"强行淘汰"能耗、污染方面超标的技术与产品,并迫使企业通过技术创新来降低能耗与污染。政府公共政策的恰当引导,能使以追求利润最大化为动机的企业,自然而然地把发展节能与清洁能源技术作为其"理性选择"。欧洲各国通过对汽油课以重税从而有效控制汽车量的增长,缓解由此带来的污染问题,美国通过"能源之星"计划,鼓励企业不断开发节能与能源效率方面的先进产品,这都是政府运用恰当的公共政策成功干预、引导市场的例子。

(四)政府部门的节能采购有力支持市场需求的扩大

政府部门提倡使用节能技术以及政府设施优先采用清洁能源设

施等政府采购支持举措，对于创造可持续能源市场需求的作用也不可低估。发展可持续能源的基本条件之一就是建立可持续的能源消费模式。而政府绿色能源采购因具有消费规模大和市场带动作用明显等特点，往往是引领绿色能源消费的重要手段。如果政府部门每年都只购买节能型的灯具、照明设备、空调、车辆等，大量政府部门的建筑用能、用电，都提倡对可再生能源的使用，就会产生相当可观的市场需求量。以美国为例，如果所有美国联邦政府机构每年用电量有1%来自对光伏电池的使用，就能用掉334兆瓦的电量，是1997年美国全国光伏发电产业发电能力的6倍。

因此，近年来许多国家政府都积极推动政府节能采购政策，发挥政府部门在节能领域的表率作用，如规定政府机构的能耗目标、在国家采购法中明确规定政府采购的产品必须符合的认证标准与等级、定期公布节能采购目录、编制节能采购指南以及加强政府机构的能源审计等。

（五）充分发挥公益基金等政府性资金的投资杠杆作用

建立公益基金在国际上是一种非常流行的节能与可再生能源发展支持政策。美国、英国、德国、法国、澳大利亚、意大利、日本、韩国等20多个国家都建立了专门支持节能与可再生能源发展的公益基金，如美国加利福尼亚州的可再生能源发展基金、英国的碳基金等。国外节能与可再生能源基金的资金主要取自与能源有关的税收或收费，其资金的用途则是促进节能与可再生能源市场的发展、支持节能与可再生能源技术的研发与商业化、鼓励节能与可再生能源项目的投资等。

各国节能与可再生能源公益基金的资金来源通常有以下三种：①征收少量电力附加费，用于支持节能与可再生能源发展的公益基金；②将排污费、污染税或来自污染超标企业的罚款等有关收入纳入公益基金；③拿出政府财政支出的一部分设立节能与可再生能源发展基金，实行专款专用。

从各国实践效果看，第一、第二种公益基金的资金筹集模式更为可行，且较能保证资金来源渠道的长期性与稳定性，而这种基金收支模式的合理性也表现在：政府应代表全社会对高能耗、高污染项目收取其本来应付的外部成本，使其外部成本"内部化"，同时应以此来补贴节能与可再生能源项目所产生的外部收益，使其外部收益"内部化"。

公益基金的设立对节能与可再生能源投资起到了显著的"四两拨千斤"的作用。根据英国、美国、日本等国家的经验，公益基金通过支持节能与可再生能源技术研发与产业化、支持节能与可再生能源的基础设施建设与市场转型发展，往往起到以少量公益基金"搭台"，吸引大量社会资金"唱戏"的效果，其所带动的节能与可再生能源投资规模往往数倍、数十倍于基金本金。

（六）充分发挥资本市场在节能与可再生能源投融资中的作用

节能与可再生能源项目与传统能源项目相比，往往位于不同的产品生命周期，涉及不同的技术，面对不同的市场，因此从融资角度看，需要与之相匹配、相适应的金融工具、风险管理手段以及融资的新思路等。各国经验显示，要解决节能与可再生能源项目融资难的问题，最重要的是让这类项目具有市场赢利性、稳定性与可预见性，使投资界对这类项目产生"看好"的预期。在形成相对成熟稳定的市场之前，这通常需要政府给予适当的政策支持来"助一臂之力"，特别是通过引入适当的投融资支持机制（包括项目前期投入支持、投资补贴、贷款贴息、加速折旧、税费减免等），帮助投资者降低投资成本，控制市场风险，并拉低最终的市场价格。而针对不同的项目采用不同的风险分担机制（如采取不同的 PPP 融资方式等），并充分发挥保险公司的作用，对于可持续能源投资项目的成功融资，有时也起着十分重要的作用。

（七）完善信息披露制度，建立节能与可再生能源投融资的公共信息平台

对节能与可再生能源产品的有效宣传，有助于公众了解使用可持续能源产品的社会与环保效益，对于扩大其市场需求能产生一定作用。回顾各国在这一方面的经验，可以看到，有效的信息传播与激励机制、能源标准等政策措施结合起来运用，往往效果更好。

政府部门详细披露节能与可再生能源投资的有关政策、法规、规划、公益项目、具体鼓励措施以及申请渠道等信息，能够帮助企业界、产业界的投资者充分掌握政府的政策动向，了解节能与可再生能源产业的投资环境，从而增强其投资意愿与信心，同时有助于引导市场主体的投资行为、降低投资的盲目性与风险。如美国能源部就在其网站上发布了关于节能与可再生能源投资可享受的各种财税优惠政策的详细指南。

此外，各国政府部门与研究机构对于可持续能源发展的研究成果与长期形成的系统基础数据资料，应通过公共信息平台的建立，实现全社会乃至国际范围内的信息共享，这对于无论是国家层面的宏观决策与计划制订，还是企业层面的微观决策与计划制订，都奠定了非常重要的信息资源基础。

第十章 国外养老服务投融资研究

发达国家纷纷步入老龄化社会令养老服务事业发展的重要性日益凸显。伴随老龄化进程，各国养老产业蓬勃发展，呈现产业化、规模化、专业化趋势。从国际经验看，养老服务是一个包括不同服务形式的多层次综合体系，政府、市场和社会在其中扮演不同的角色。推动养老服务体系投资主体多元化、投资方式多元化，才能满足日益增长的老年人口多层次、多样化的服务需求。在养老服务领域中，政府发挥的作用主要体现在以下几个方面：一是科学规划；二是政策扶持和财政资助；三是依法监管，例如对养老服务机构的监督管理，建立健全养老服务机构建设标准、服务标准、等级标准的行业规范等。

一 发达国家纷纷步入老龄化社会令养老服务事业发展的重要性日益凸显

众所周知，社会老龄化的危机正在席卷着世界上的诸多国家，全世界已经有 70 多个国家进入了老龄化社会。例如，据英国 2006 年人口普查，英国全国人口有 6000 多万人，其老龄人口中仅 85 岁以上的长寿者就达到 117 万人，而首都伦敦 85 岁以上的老年人就有 10 万人。瑞士联邦统计局 2004 年公布的数据显示，瑞士 64 岁以上人口占全国人口的 15.8%，出现严重的老龄化现象。从东亚国家来看，至 2010 年 10 月，日本 65 岁以上的老年人达 2958 万人，约占总人口的 23%。按照联合国的有关标准，日本已进入"超老龄化社会"。2000 年，随着 65 岁以上老年人口占比首次突破 7%，韩国也进入了老龄化社会。

伴随老龄化趋势，养老服务事业的重要性日益凸显。为解决家庭核心化、小型化给老年人居家养老带来的问题，大力发展社区助老事业，为居家养老的老年人提供全方位服务成为国际养老事业发展的新趋势。《1992 年维也纳老年问题国际行动计划》强调"应设法使年长者能够尽量在其自己的家里和社区独立生活"。1991 年的《联合国老年人原则》强调"老年人应尽可能长期在家里居住"和"老年人应该得到家庭和社区根据每个社会的文化价值体系而给予的照顾和保护"。联合国通过的《2001 年全球解决人口老龄化问题方面的奋斗目标》中把"支持以社区为单位，为老年人提供必要的服务与照顾，并组织由老年人参加的活动"列为八大奋斗目标的第三项。联合国大会吁请"各国在国家、区域和地方各级制定综合战略，以满足老年人在其家庭、社区和社会公共机构中的养老需求"。

二　福利多元主义是各国养老事业发展呈现社会化、多元化趋势的主要理论背景

从国际经验看，投资主体、投资渠道多元化，服务体系社会化，运营模式市场化，服务队伍专业化，日益成为各国养老事业发展的共同趋势。而福利多元主义是这一趋势的主要理论背景。

自 1948 年英国建立"福利国家"，其成为西方国家标榜和追求的一种理想制度。政府成为福利的主要承担者，福利范围"从摇篮到坟墓"无所不包。但在 70 年代中期，西方各国普遍遭遇经济衰退，福利国家面临危机。在人们反思政府在福利制度方面的角色的同时，福利多元主义思潮开始兴起。福利多元主义强调：福利服务可由公共部门、营利组织、非营利组织和家庭社区四个部门共同负

担，政府不再作为福利供给的唯一角色；应让民营部门（特别是非营利组织）有更多机会参与福利提供；各个主体之间形成良好合作，将有助于提高福利服务的效率和质量。福利多元主义的两个主要概念是分权与参与。所谓分权，一方面是将福利服务的职责由中央政府转向地方政府，另一方面是从地方政府转向社区，或由公共部门转向私人部门。所谓参与，主要是指福利提供者和福利消费者共同参与福利服务的决策及服务提供过程。

三 国外养老服务体系中政府与市场的分工

养老服务是一个包括不同服务形式的多层次综合体系，政府、市场和社会在其中扮演不同的角色，任何一种机制都不可能解决全部问题。推动养老服务体系投资主体多元化、投资方式多元化，才能满足日益增长的老年人口多层次、多样化的服务需求。

养老服务体系投资主体多元化，主要体现在公共部门与私营部门（也就是政府与市场）之间形成良好的分工与合作关系。投资方式多元化，主要体现在针对老年人的基本公共服务需求，采取政府主导或鼓励 NGO 参与的非营利模式，而对于非基本公共服务需求、中高端需求，可以采取企业主导的营利模式，政府主要是起规划引导、加强监管的作用。在日本，政府、企业和非营利组织均可建设养老设施。政府主要提供基本福利范围内的养老设施，而企业和非营利组织则根据老年人不同群体、不同需求建设相应的商业或公益性养老设施。

从国外经验看，推进养老服务社会化，并不意味着政府可以减少对社会福利事业的投入责任，相反，政府的投入还要随着经济和社会的发展不断增加。

另外，企业、民间团体对养老服务供给的参与非常重要。日本和韩国通过制度和法令，敦促企业对社会福利事业的捐赠和参与。

日本无论是老年住宅还是看护服务，一开始都是由国家政府机构来进行投资建设营运，随后大部分转为由民间企业营运。澳大利亚全国有医院、护理中心、退休村、安老院等老年人服务机构 4000 余个，其中有些是由社会团体创办的。这些老年人服务机构的 65% 为非营利单位，盈余的钱用来为老年人提供服务。有退休金的老年人住进退休村，法律规定必须缴纳 85% 的退休金，不够的由政府补贴。

政府部门与民营部门的合作还体现在政府或出资或建造，再转给民营部门运营的公私合作模式。例如：瑞典各地方政府开始把越来越多为老年人提供的服务项目承包给私营公司经营。以利丁屿市为例，该市 10 家家政服务公司中就有 9 家是私营的。但由于政府监管得力，私营公司的服务质量还是有保证的。

四　政府的作用：制定法律、规划引导、加强监管、资金扶持

养老服务的准公共产品属性，决定了政府的核心地位和主导作用。从国际经验看，政府发挥主导作用主要体现在以下几个方面：一是科学规划；二是政策扶持和财政资助；三是依法监管，例如对养老服务机构的监督管理，建立健全养老服务机构建设标准、服务标准、等级标准的行业规范等。

（一）构建养老服务政策法规体系，并"与时俱进"

荷兰的社会福利政策法规体系可以分为三大类：收入保障、照料服务保障和对机构的规范管理标准。这三类法律内容形成了荷兰的社会福利政策法规体系，保障了老年人在社会福利服务方面应有的各项权利。

新加坡于 1995 年颁布了《赡养父母法》，成为世界上第一个将"赡养父母"立法的国家。《赡养父母法》规定，如子女未遵守该

法，法院将判决对其罚款一万新加坡元或判处一年有期徒刑。1996年6月，根据该法，新加坡又设立了赡养父母仲裁法庭，仲裁法庭由律师、社会工作者和公民组成。

"与时俱进"意味着政府的法规、战略要随着经济发展、老龄化趋势的变化，进行调整，并不断完善。1989年，日本政府制定《高龄者保健福利推进十年战略》，即著名的"黄金计划"，该计划要求各地方政府积极建设完善与老人相关的各种设施。以此为契机，各种老年公寓、老人活动室、老人医院更多地开始出现。

1994年"黄金计划"被重新修订，更名为"新黄金计划"，完善了以居家养老为中心的社区老年服务体系，扩大了家庭服务员队伍，新设立为老年人提供休息及特别看护的短时服务设施、日间服务中心等，以提供老年人所需的各种日间服务（包括饮食和体育锻炼）。

（二）制定规划，引导社会资金

围绕庞大的老年人口，日本社会逐渐形成了与之相对应的医疗看护、养老居住、老年旅游等产业。日本政府已将其中部分产业定为日本经济未来的增长点，例如，2010年6月，日本政府公布《21世纪复活日本的21个国家战略项目》，其中"医疗和看护产业"即是项目之一。在同期的相关文件中提出：在自2010年至2020年的10年内，将医疗、看护和健康相关产业的市场规模再扩大50万亿日元（即平均每年扩大5万亿日元），并争取由此增加284万个就业机会。日本政府还计划通过今后10年的投资，在医疗和看护领域参与国际竞争，其中的重点即为跨国医疗服务。

（三）加大设施投入建设，给予资金扶持

2003~2004年，澳大利亚政府为养老服务设施建设投入达60亿澳元，其中用于为服务机构的老年人支出约为45亿澳元，用于社区养老服务（包括买菜、做家务、为老人洗澡、陪老人看电影、做家庭维修等）支出约为 15 亿澳元。政府对养老设施制定了新的建筑标准，并不断加大投入。

新加坡政府为鼓励儿女与老人同住，还推出一系列津贴计划，为需要赡养老人的低收入家庭提供养老、医疗方面的津贴。新加坡政府自 1993 年以来先后出台了 4 个"敬老保健金计划"。

荷兰的 AWBZ 老年照料基金，主要支出项目就是养老福利设施的补偿和老年人照料服务的资助。新建养老机构 60% 的经费由 AW-BZ 提供，其余由建造者自筹。AWBZ 也对一些社会福利机构的日常运作提供经费支持。该国为老年人服务的机构，全部由私人基金会运作，政府对其进行资助。

（四）关注老年人中的贫困人口

老年人中的贫困人口是英国政府关注的主要目标人群之一。政府通过提供与个人经济状况挂钩的福利，通过为有 60 岁以上老人的家庭提供冬季取暖费以及为有 75 岁以上老人的家庭提供免费电视收视执照等方式帮助贫困人群。60 岁以上老人可以享受的与经济状况挂钩的主要福利是养老金信用、市政福利和住房福利。此外，需要照顾的残疾老人还可以享受补贴。

五 养老模式、养老设施与服务呈现多层次、多样化的特点

养老模式多层次、多样化意味着面对不同阶层的多样化需求，要提供多种形式的养老服务。

从养老资源的提供者这个角度看，人类存在三种基本的养老方式，即家庭养老、社会养老和自我养老。在发达国家中，这三种模式之间呈现越来越多的交融、互动。

例如，许多西方老年人选择的居家养老，就是老年人在家中居住，并由社会提供养老服务的一种方式，既区别于机构养老，也有别于传统的家庭自然养老。它是以家庭为核心，以社区为依托，以老年人生活照料、医疗康复、精神慰藉为主要内容，以上门服务和社区日托为主要形式的。

"社区养老"的理念在美国得到认同和推广。美国的社区养老分为两种模式：一是"全托制"，即老人全天候在养老机构生活；二是"半托制"，即老人白天在养老机构生活，晚上回到自己的家。

前一种模式中，又分为"退休之家"和"家园共享"。前者除了租赁房屋（老年公寓）外，还提供就餐、清扫房间、交通、社会活动等便利服务。典型的设施和服务还有医务室、图书室、计算机室、健身房、洗衣房、紧急呼叫系统、外出购物、组织参加社会活动等。后者就是社区将 60 岁及以上，年龄段相仿，又有兴趣共享一个家的个人以合得来为前提进行甄选和配对，给他们寻找伙伴，互相"结伴养老"，以解决生活中的孤独和不便，让他们在晚年能充分享受友情。

（一）德国的五种养老方式

第一种是居家养老，老年人在家中居住，靠社会养老金度日。这种形式最普遍。第二种是机构养老。第三种是社区养老，正在成为主流。德国政府实施"储存时间"制度：公民年满 18 岁后，要利用公休日或节假日义务为老年公寓或老年病康复中心服务，通过累计服务时间，可换取年老后享受他人为自己服务的时间。第四种是异地养老，包括旅游、度假、回原居住地养老等。第五种是"以房防老"，即为了养老而购买房子，利用房租来维持自己的退休生活。

（二）美国的五类老年人居住设施

这五类是独立式住宅、老年公寓、养老院、护理院、老年养生社区，每一类均辅以相应的服务管理体制。

（三）日本的养老设施类型

根据 1963 年颁布的《老人福祉法》，日本政府将养老设施分为多种类型，包括短期居住型、长期居住型、疗养型、健康恢复型等，其中政府在全国建设了约 3100 处健康恢复型养老设施和约 3700 处老年疗养医疗设施，65 岁以上老人在需要时，可使用社会医疗保险入住这些设施。

日本的养老护理分级别操作

在日本的护理院，护理人员量身为老年人制订护理计划。这种养老护理制度实行"按需养老"，根据不能站立、不能排便、不能用餐等需护理的级别，提供登门访问型、短期入住养老机构型、入住特别养老机构型等不同服务。结合分级护理制度，日本正在打造"30 分钟养老护理社区"，即在距社区 30 分钟路程内，就可以找到配备养老护理服务设施的小型服务机构。

六　养老产业蓬勃发展，呈现产业化、规模化、专业化趋势

从国外经验看，养老服务越来越成为一个极具经济价值和开发潜力的"朝阳产业"。

（一）规模巨大，成为拉动经济的新增长点

发达国家的养老服务已成为一个专业、一个职业，并逐步向规

模化、品牌化发展。除了传统意义上的老年生活照料、康复护理、专项用品开发等外，养老服务还包括老年食品、用品、保健、保险、旅游、文化、教育等诸多产业。美国老年人消费额在 1986 年已经达到 8000 亿美元，占 GDP 的 18%；韩国 2005 年养老服务业产值为 27 万亿韩元，而日本的养老服务业产值预计到 2025 年将达 7000 亿美元。

养老产业经济在日本发展得如火如荼，成为一个重要的经济板块，并且已经建立了一整套行业管理制度和准入标准。

居家养老服务是老龄产业最活跃的一个部分，例如，在英国，居家养老服务产业的价值达 110 亿英镑。这个市场在德国也很强盛，有 10000 多家养老院为体弱的老人提供居家养老服务。

在美国，老年房地产在近十多年来发展迅速，它们大多为私人投资并进行商业化运作，老年社区中提供各种专门为老年人服务的配套设施，逐渐形成了老年产业的发展基地。

而日本的养老住房市场，其产品主要分为两种类型：一类是休闲疗养型养老房产，多依托日本特有的温泉、海滨和森林风貌，以低廉价格供应房屋；另一类是充分考虑医疗看护功能的房产项目，其中涉及房间装修、家具家电、看护设备的预留位置和接口、室内无障碍设计，以及安防和报警装置等。

（二）产业链条深化

在发达国家，养老产业是一个很庞大的产业链，涉及老年护理服务和设施、老年教育、老年旅游、老年金融等诸多领域。养老产业化既对 GDP 形成贡献，也为政府减压。

各国经验表明，养老服务产业链长、涉及领域广、吸纳就业人数多，促进生产、拉动消费，在经济建设、社会发展以及稳定就业等方面发挥着越来越重要的作用。

养老设施的建设和运营，带动了一大批类似"老人用品专卖"、"老年餐饮专营"、"老人之家管理咨询"和"养老服务人员培训"

等企业的发展，这在某种程度上形成了以养老设施为核心的"养老院经济"产业形态。

（三）面向多元化的需求，满足老年人高层次的需求

在日本一些高端的养老庄园里，通常都非常强调文化娱乐设施的建设，让老人参与各类培训班，提供各种出去旅游以及接触社会的机会，甚至还会提供农地让老人有机会去亲手种植一些蔬菜、瓜果。这些庄园的经营规模和管理的复杂程度甚至要远远高于管理一家豪华酒店。

（四）服务更加专业化

在日本，设有专门的老年护理专业，这些人才被称作"介护士"。有别于一般的保姆，日本介护服务是在统一的法律规范下实行持证上岗的，必须在修完13门必修课程，并通过国家介护士统考后才能拿到资格证书。日本共拥有47万多名介护士。

日本政府和企业在建设各类养老设施时，十分注意专业化问题，如住宅居室设计、家居用品设计、餐饮配备、看护和服务人员培训等。而每一个专业问题都涉及更为深入的细分领域，因此养老院的主办方往往将这些细节问题外包给专门企业。

七　建立多元化的养老服务筹资渠道

（一）养老金的几大支柱：政府、社会和个人多方共同承担

美国的养老责任由政府、社会和个人等多方面共同承担。据美国社会保障署提供的资料，美国约有1.63亿名在职人员参加了社会保障体系，占全国所有在职人员的96%。除了社会保障制度，美国政府和一些公司还有自己的退休金制度，如美国政府制定了"联邦

雇员退休制度"。

德国的养老保险制度包括法定养老保险、企业养老保险和私人养老保险三部分,后两者又被称为"补充养老保险"。私人养老保险是自愿的,并且能得到国家补贴。德国法定养老保险、企业养老保险和私人养老保险所支付养老金的比例大约分别为70%、20%和10%。

瑞士的养老保险制度建立在由国家、企业和个人共同分担、互为补充的三大支柱模式上。长期以来,这种制度以其健全、完善和覆盖面广的特点成为瑞士社会稳定的重要保障。

日本护理社会保险的财政结构为:支付护理社会保险所需费用由国家、都道府县(相当于我国省级地方政府)、市町村(相当于我国的市县镇)及参保人共同负担。参保人负担费用的一成,剩余的九成由保险费及公费各分担一半。保险费分别由第一种参保人(65岁及以上)和第二种参保人(40~64岁)各自负担。公费部分由国家、都道府县、市町村之间按照2∶1∶1的比例各自分担。

(二)政府必要的财政拨款

从国际经验来看,政府的资金投入是社区养老服务必不可少的资金来源。从澳大利亚的情况来看,政府拨款是老年人照料服务的主要资金来源,由联邦政府和州政府共同拨款,提供部分社区养老服务资金,以支持社区老年人照料服务。

(三)合理的服务收费

国际上不少国家也实行合理收取服务费用的做法,如澳大利亚为了保证老年人照料服务拥有充足的资金来源,制定了日常护理费、住宿费的标准,这主要是针对那些有养老金的退休老年人。用户付费能有效地弥补养老经费的不足,据统计,通过护理院住宿费可以筹集资金14亿澳元,而住宿押金能达到16亿澳元,这对于提高养老服务水平有着积极作用。

（四）民间慈善资金

对于民间资本开办老年公寓的行为还应给予一些优惠政策，以鼓励、称赞他们的做法和爱心。

（五）老年人自己"以房养老"

随着老龄化趋势，发达国家"以房养老"的"倒按揭"形式越来越普遍被采用，主要适用于 60 岁以上的人群。这种贷款不需要还债，贷款人死亡时房子作为还债的资金。

例如，美国政府与一些金融机构推出的"倒按揭"贷款，对象为 62 岁以上的老年人。主要有三种形式：①联邦政府保险的倒按揭贷款；②由政府担保的倒按揭贷款，这种贷款有固定期限，老年住户须搬移住房及实施还贷计划后才能获贷；③专有倒按揭贷款，一般由金融机构办理，发放贷款的机构与住户同享住房增值收益。

八　从中外对比看我国的差距与问题

据预测，未来中国人口将从快速老龄化阶段，发展到加速老龄化阶段，最后步入重度老龄化阶段。特别是北京、上海等大城市，将先于全国 10 年进入老龄化。有数据显示，2008 年上海 60 岁以上老年人口达 300. 57 万人，占总人口的 21. 6% 。人口老龄化问题已切实摆在了中国社会面前。

与发达国家相比，我国养老服务事业面临着如下问题、差距与挑战。

（一）面临"未富先老"的挑战

"未富先老"使我国在老年人社会结构上与发达国家相比，存在差异。日本进入老龄化社会前后，其中产阶层基本上成为主流社会阶层，低收入阶层所占比重并不高。所以，大多数人在中年时期开始购置家业，并通过各种方式为自己积累养老储蓄，政府的政策重点也放在了开拓福利服务和提高质量上。老龄人口中中产阶层比重不高，将会从需求方面制约老龄服务产业化的发展。同时，在老年人贫困问题上，中国的问题更为突出。针对中低收入老年人，提供准公共品性质的养老服务仍是各级政府在养老服务领域很重要的职责。如何在解决中低收入老年人基本生活保障的同时，兼顾中产阶层老年人口的福利服务需求，成为未来我国养老服务政策制定中的一个难题。

此外，我国并没有能够在老龄化到来之前，解决好全民养老保险的问题，这会加重今后养老财政负担。政府与社会在养老资金上的"储蓄"不足，养老服务产业化滞后，再加上中低收入老年人口比重高，将使得我国在养老服务所需资金投入方面，与发达国家拉开距离，从而也必然在服务水准上拉开距离。

（二）养老服务在硬件与软件两方面都发展滞后

我国目前落后的养老产业与社会老龄化趋势之间的矛盾日益突出。我国的养老机构在设施硬件与服务软件两方面都存在较大缺陷或不足。有学者实地调查走访河南 30 家养老机构，调查显示：我国养老机构一方面总体短缺，另一方面在硬件设施、服务质量、工作人员专业水平和劳动报酬方面，都存在明显的不足。就硬件设施而言，目前中国的养老床位仅能满足不到半数的老年人需求。目前各地区的社会养老，主要还是福利型养老，对象基本上是无生活依靠的老人，养老水平仅限于维持基本生活需要。目前多数的老人公寓，很多时候也只能满足老人的生活所需，缺乏其他相关的服务配套，难以满足老年人精神层面的需求。

此外，我国老年衍生产业的发展也比较滞后。老年储蓄的投资

理财产品、老年地产的倒按揭等金融产品、寿险产品的证券化产权
产品、长期护理保险产品、老年融资产品等，几乎在国内市场上找
不到。

这些差别与问题，需要国家有针对性地制定合理可行的政策予
以解决。伴随着经济发展，老年人的多层次需求（包括基本生活需
求与娱乐、学习、旅游等精神层面需求）将会明显增加。满足这些
需求，需要探索新的养老服务社会化、产业化途径。构建家庭养老、
社区养老、机构养老多维度的养老服务体系，提高全社会养老服务
产业化、专业化水平，才能让多数老年人拥有幸福、健康、美满的
晚年。

（三）法规体系不健全，体制障碍制约了民间资金的进入与
养老服务产业化发展

我国养老服务与国际水平相比有很大差距，既有社会经济发展
阶段、水平方面的制约因素，也有政策滞后、制度不健全方面的体
制根源。

我国养老服务事业的法律法规体系极不健全，除了《老年人权
益保障法》外，与养老服务事业有关的法条基本上分散于不同的法
律法规中，缺乏全国性的专门用于规范养老服务事业发展的单项行
政法规，主要依靠部门规章、地方规章和规范性文件指导养老服务
事业。

在养老服务中，目前既存在政府"缺位"问题，对养老服务事
业不作为，也存在"越位"问题，包揽过多应由非政府社会组织承
担的职能。由于人口老龄化挑战的相对隐蔽性，地方政府特别是经
济相对欠发达地区的政府，对人口老龄化的形势认识不充分，重视
程度不够。一些地方或部门存在不按国家政策办事、不公平对待民
办养老服务机构的行为，如用地按商业价格拍卖、水电费按企业收
取、贷款不能优惠、税费不能减免等。

目前国家在支持鼓励发展民办养老服务机构方面的优惠政策较少，支持力度不大，财政支持力度十分有限，尤其是到市、县落实更加困难。有些地方政策只有定性的要求，没有定量的措施，在财政资助等关键问题上很难操作，造成养老服务体系建设滞后于经济社会发展水平。

此外，对民办养老服务机构性质定位不准，一些真正的非营利组织却因不能获得法律认可而无法享受税收优惠政策，影响民间投入的积极性；由于缺乏规范的行业管理机制，养老服务市场还处于一种盲目、无序的发展状态。这些问题的存在都不利于我国养老服务事业与产业的规范管理和健康发展。

九　发达国家值得借鉴的主要政策经验

（一）根据经济发展水平的变化，不断推动老年人福利事业的发展

例如，日本养老事业与养老产业经历了初创期、扩充期和转换期三个不同发展时期。其间，先后颁布了《生活保护法》、《国民健康保险法》、《国民年金法》、《老年人福利法》、《老年人保健法》和《护理保险法》六项法律和法规。这些法律、法规较好地满足了老年人的经济需求、健康需求、情感需求、生活需求和其他需求等。较为成功的日本养老事业和养老产业的发展史告诉我们：无论是养老事业，还是养老产业，都要有一套较为完善的法律、法规做保障；各国应根据经济发展水平的变化，不断推动老年人福利事业的发展。

（二）健全的管理机制是关键

只有完善的管理机制才能保障养老服务的发展。除了制定较为

完善的规则，还要有完善的依规则进行管理、监督的机制。例如，澳大利亚在公积金的积累与使用方面，设有专门管理部门，由审计部门监督，要定期向国会汇报，保障了公积金的正常运转。养老设施建造与服务运营，不论是政府投资，还是企业、社团及私人投资，必须按照法律规定的标准和要求进行，并受到监管部门的监督、管理。

（三）应对老龄化，政府应未雨绸缪

在日本刚刚进入老龄化社会的时候，政府就开始进行各种政策研究，其中就包括老年住宅和养老地产。政策的前瞻性，保证了日本在进入老龄化社会后，养老服务事业与产业的发展能够跟得上形势发展的需要，政府与社会一道构建了一个较为完备的服务网络，能够满足老年人日益增长的养老服务需要。

（四）积极推动养老服务的社会化、产业化

国际经验表明，养老服务业稳步、健康的发展，需要充分调动家庭、社会等各方面的积极性，推动养老服务社会化。澳大利亚政府尽管不断加大养老费用支出，但每年的支出仅占养老总支出的9.5%，其余主要为社会团体支出和私人支出。养老社会化，不仅有利于向老年人提供多样化的所需服务，提高服务效率，也减少了政府相关费用的支出。

（五）追求更人性化的养老服务

发达国家的养老机构，不论是养老院，还是那些短期或者日间的养老机构，都非常注重对老人的心理养护和教育培训等，不像国内的一些养老机构，仅停留在保证老人基本生活的程度上。社区养老也十分重视满足老年人的精神需求。例如，英国各个社区经常举办各种联谊会，经常带老年人到乡间去郊游，人们自愿组织起来和老人们交朋友，利用休息日和他们谈心，地方政府每年还帮助36000

名老年人外出度假。

许多国外成功的老年公寓开发，也都十分注重社区各种配套服务的建设，以满足老年人多层次的需要（包括医疗护理、社交服务、文化、娱乐生活等各个方面）。

（六）将高科技适当地运用于养老服务

发达国家的养老福利部门还不断采用现代科技手段，为老年人的居家生活尽可能多地提供便利。例如，居住在赫尔辛基的老人手腕上通常都戴着一只特殊的安全表，这是专为在家独居的老人设计的安全报警装置。如果老人感到不适或不慎摔倒，只需按一下安全表上的红色按钮，安全报警装置就会将报警信号传递到监控中心。监控中心就会立即派救护车赶到现场进行救护。

专栏 2

芬兰的坎比老人服务和娱乐中心

位于首都赫尔辛基市中心的坎比老人服务和娱乐中心是一座4000多平方米的四层乳白色多功能建筑。每天早8点到晚上9点出入这里的老人络绎不绝。凡住在赫尔辛基市的老人都可以来这里参加各种免费的娱乐活动。这里平均每天接待老人达1200～1500人，是赫尔辛基市最大的老人娱乐中心。

坎比老人服务和娱乐中心的餐厅专门为老人提供物美价廉的早餐和午餐，且仅收成本费。

来到这里的老人除了就餐休息外，还可以参加各种丰富多彩的活动。该中心专门配备各种辅导人员，尽管老人们的兴趣爱好各不相同，但在这里都能找到适合自己的活动。想消遣，可以在棋类活动小组打牌和下棋，或者去俱乐部打台球。想锻炼，可以去健身房在教练的指导下进行适度的健身运动。更多的老年妇女喜欢在多功能大厅里随着节奏鲜明的音乐一起做健美操。这个多功能大厅每周还为老人举办两次舞会，通常会有三四百名老人随着柔缓的乐曲翩翩起舞。在手工艺室，老人们可以根据各自的喜好在瓷器上绘制各种图案。对针线活感兴趣的老年妇女可以在缝纫编织班学习服装剪裁。

希望学习知识的老人们可以参加该中心举办的各种专题讲座，如外语学习班、绘画学习班、摄影爱好小组的活动。该中心的图书馆向老人提供各种报刊、书籍和光盘，并为老人提供送书上门服务。据坎比老人服务和娱乐中心负责人丽塔·凯乌皮拉介绍，老人服务和娱乐中心是协助老人在家养老的最好补充形式。大部分老人对中心的服务感到满意。他们到这里来就像在自己家里一样。

（七）发挥民间非营利组织的作用

民间非营利组织（NGO）是不以营利为目的，主要开展各种志愿性、公益性、互益性活动的社会组织，主要体现在非政府性、非营利性、志愿性、公益性或互益性。发展民间非营利组织的必要性在于可以在公共服务的输送上弥补市场与政府的双重失灵。

从国外经验看，非营利组织是推动社区发展的重要力量，提供着直接、具体和富有人性化的公共服务。非营利组织具有对志愿者的吸引和动员能力，是充分利用人力资源激励民众参与社区发展的重要手段。因此，在发展养老服务事业中，政府部门应改变过去计划经济时代遗留下来的传统做法（即自觉或不自觉地将民间非政府组织作为依附于政府的附属单位或下属单位），发展真正意义上的民间社团、非营利组织，将一些民间组织愿意做，并且可以做得更好的事情放手让民间组织去做，这将有助于养老服务所依靠的社区多元资源的整合、发展。

第五部分

利用外资政策

第十一章 外资并购影响产业安全的
国际经验及启示

一 美国规制外资并购的主要经验做法

外资并购通常具有双重属性：一方面由于它的并购属性，东道国规制并购的所有相关政策法规必然也适用于外资并购；另一方面由于它的外商投资属性，一般还要受到各国针对外资的有关立法与规制措施的约束。从美国的情况看，规制外资并购的法律依据也主要是来自两个方面：对国内并购与外资并购同样适用的并购规则（主要以保护市场公平竞争为目的）、有关法律中对外资的特别规制规则（主要以维护国家安全与国家利益为目的）。

（一）美国规制并购的法律体系与执行机构

美国是世界上并购活动最活跃的国家，也是并购法律体系最为复杂的国家。美国规制并购的法律法规体系主要由四个部分组成：联邦反垄断法、联邦证券法、州一级的并购法律以及有关政府部门为执行反垄断法而制定的并购指南。美国并购规制的主要执行机构是联邦贸易委员会和司法部。

1. 美国国会的反垄断立法

在美国国会的反垄断立法中，联邦反垄断法是指导美国政府规制企业并购的根本性法规，其核心立意是以立法的形式，禁止垄断等限制、阻碍市场竞争的行为，维护市场公平秩序和消费者利益。联邦反垄断法由一系列不同时期颁布的法案组成，其中主要有1890年颁布的《谢尔曼法》（*The Sherman Act*），1914年颁布的《联邦贸易委员会法》（*The Federal Trade Commission Act*）、《克莱顿法》（*The Clayton Act*）及其若干修正案。

2. 联邦政府的主要证券法案

美国90%以上的公司并购是由上市公司发动的，因此，联邦政府规制公开收购的一系列证券法案也是美国并购法律体系的一个重要组成部分。这些证券法案主要包括《1933年证券法案》、《1934年证券交易法案》、《1935年公共事业持股公司法案》、《1968年威廉斯法》和《1970年证券投资者保护法案》等。其中，《1968年威廉斯法》是有关公开收购的联邦证券法的核心，该法对《1934年证券交易法案》做了补充，强调对上市公司的收购，必须预先向目标公司及其股东做充分披露，以此保护目标公司股东及广大持股公众的利益。

3. 州一级的并购法律

美国州一级的并购法律更侧重于保护目标公司管理层及雇员的利益，其突出特点是通过对目标公司的反并购行为予以法律上的支持、规定对敌意并购进行惩罚等措施，防止、限制敌意并购行为。州法律仍是美国并购监管中不容忽视的一股力量。

4. 政府反垄断部门颁布的并购准则

美国司法部为了便于执行反垄断法，先后颁布了《1968年并购准则》《1982年并购准则》《1984年并购准则》。《1992年并购准则》则是由美国司法部和联邦贸易委员会联合发布的。这些并购准则作为美国反垄断部门规制企业并购的指导性文件，为哪些并购行为能得到批准、哪些并购行为因影响有效竞争而得不到批准，提供了具体的评判依据。

（二）并购审查的具体程序

美国反垄断法的有关条款规定了进入并购审查的并购规模门槛：如果并购方是一家销售额或资产超过 1 亿美元的公司，而被并购方是一家销售额或资产超过 1000 万美元的公司，则并购方必须事先通知联邦贸易委员会和司法部。

在申报时间的限定方面，有关条款规定：并购方如果是通过股票进行并购，则必须在并购要约之前 30 天，通知联邦贸易委员会和司法部；如果是现金收购，则必须在并购要约之前 15 天申报。反托拉斯机构将在这段时间内就该项并购是否在有关产品的市场上导致垄断或存在反竞争效应，进行评估。如果其中任何一个机构不同意拟进行的并购交易，就可通过请求法院阻止此项并购，或要求并购企业变更相关并购条款，直到其符合反托拉斯机构的审查要求。

按照并购准则的规定，反托拉斯机构在审查横向并购案时，首先要对相关的市场进行界定，并就相关产品的市场份额进行测算，以评估并购是否会导致明显的市场集中，同时还将就并购可能产生的反竞争效应及其对市场进入的影响等因素进行考察。

在审查纵向并购案时，反托拉斯机构通常评估该并购是否会给并购企业提供一种在下游市场提高价格、减少产量的能力，以及通过树立进入障碍在相关市场上增强其市场支配地位的能力。

在审查混合并购案时，规制的重点是影响市场公平竞争的商业互惠即两个企业之间出于各有所需的目的而进行的交易。

（三）美国对外资并购的特别规制

1.《埃克森 - 弗罗里奥修正案》

1988 年美国国会通过了《埃克森 - 弗罗里奥修正案》（*The Exon-Florio Amendment*），授权美国总统可以以"国家安全"的名义限制（延缓或禁止）任何一项外国公司针对美国公司的并购案。

根据《埃克森－弗罗里奥修正案》的有关规定，在评判外资并购是否会对美国国家安全造成威胁时，主要从以下几方面加以考虑：①该项并购交易是否涉及国防所需的国内产品；②是否关系到国防所需的国内工业生产能力（包括人力资源、产品、技术、材料等）；③是否造成外国公民对国内工业或商业形成控制力；④是否可能导致军用设备或技术销售到一个支持恐怖主义或非常规武器扩散的国家；⑤是否威胁到美国技术在涉及国家安全的重要领域中的领先地位。

2. 审查外资并购美国企业的专门机构

在国家安全方面，负责对外资并购进行特殊审查任务的机构是美国外国投资委员会（CFIUS）。该委员会是根据行政命令第11858号于1975年成立的，其主要目的是评估和监控外国投资对美国国家安全的影响。委员会由美国财政部部长担任主席，成员还包括国务卿、国防部部长、商务部部长、司法部部长、管理与预算办公室主任、总统经济顾问委员会主席等政府要员。向外国投资委员会申报的并购案材料应包括并购者基本情况、并购交易概况、拟收购的资产情况及未来计划等内容。如果有关并购报告提交上去30天之内，CFIUS不提出异议，就算批准了该并购计划。但如果发现可能出现危害美国国家安全的情况，委员会将进行45天的延期调查，然后向美国总统提交报告，以便总统在15天内决定是否暂停或者取消这一并购活动。

CFIUS成立以来，共收到有关外资并购案的申报1500多件，委员会总共只全面调查过22件，而直接由总统出面阻止外国并购的案件只有一起，即1990年中国航天航空技术进出口公司欲对美国曼可公司进行的收购。

3. 外资进入（包括外资并购）的行业限制

美国国会通过了一系列对外资进入某些特别行业进行规制的法

律，这些法律也同样适用于外资并购。此外，一些州（如加利福尼亚州、俄亥俄州、新墨西哥州、宾夕法尼亚州）也通过立法对外资进入某些特定行业或进行国土资源开发进行限制。除了这些特殊领域（如国防工业、金融、保险、通信、广播、交通运输、矿产开发等），外资在美国一般享受"国民"待遇，可以进出自由。

从受规制的对象看，美国法律对外资进入的限制标准不仅适用于外国公司、企业，也适用于在美国注册但外国人或外国机构拥有其所有权的公司、企业。

（1）金融业。1991 年《强化外资银行监管法》（*The Foreign Banks Supervision Enhancement Act*）对在美国经营的外国银行提出了特别的披露与审核要求。由于 1978 年《国际银行法》（*The International Banking Act*）和各州相关法律的特别限制，外国公司通过并购方式进入美国金融业一般会受到较严格的控制。

（2）通信。《1934 年联邦通讯法》（*The Federal Communication Act of 1934*）禁止向外国公民、外国公司、外国政府或被外国利益所控制的美国公司签发广播及邮递业务许可证，除非联邦通信委员会（FCC）认定其符合公众利益。此外，该法还规定，如果外资控制美国通信公司 1/5 的股份，或者该公司拥有 1/4 以上的外国籍董事，美国政府将拒绝向该公司签发在美国营业的许可证。《1961 年通信卫星法》（*The Communication Satellite Act of 1961*）则限制外资拥有对美国无线通信卫星网络的所有权。

（3）航空。根据美国交通部的有关规定，外国公司对美国航空公司的收购不得超过 25% 的股份，航空公司董事会成员中美国籍董事比例不得低于 2/3。

（4）海运。《1920 年贸易海运法》（*The Merchant Marine Act of 1920*）规定在美国境内各港口间的贸易运输必须使用美国制造、拥有和注册的船只。此外，美国有关法律还规定，在美国沿海和内河航运的船务公司，外国个人、公司或政府在该公司的股份不得超过

25%；美国船务公司如果未经联邦运输部部长的批准将在美国注册的船只出售给外国公司，属违法行为。

（5）渔业。《1989年海岸保卫权限法》（*The Coast Guard Authorization Act of 1989*）限制外资直接或间接地进入美国渔业产业。

（6）原子能。1954年《原子能法》（*The Atomic Energy Act*）禁止外资进入美国原子能工业领域，禁止外资在公共土地上开采铀。

（7）资源开发。1920年《矿产土地租赁法》（*The Mineral Lands Leasing Act*）规定，对于外资占股超过10%的公司，只有其母国政府给予美国公民同等待遇，才能获得在美国开发矿产等自然资源的联邦租赁权。

（8）水电。在水电开发领域，要求公司经营者必须是美国公民，至于公司是否受外资控制则不受限制。

4. 美国规制外资并购的另一主要手段：要求事前或事后进行登记

有关联邦法律还对外国投资者提出了特别的信息披露要求，如《1976年国际投资与贸易服务调查法》（*The International Investment and Trade in Service Survey Act of 1976*）规定，如果外资收购了美国公司10%以上的股份，并且其股价市值在100万美元以上，或被收购公司年销售额、资产、净收入在1000万美元以上，需在并购发生的45天之内上报美国商业部进行登记备案。《1989年外国投资与房地产税收法》（*The Foreign Investment and Real Property Tax Act of 1989*）规定财政部有权要求在美国房地产业投资45万美元以上的外国公司或个人向财政部报告有关情况。1978年《农业领域外国投资申报法》（*Agricultural Foreign Investment Disclosure Act*）规定，外国个人、企业或外资占股10%以上的美国公司，如果要在美国的农、牧、林业进行投资，需在此之前90天向美国政府有关部门提交一份报告。

19 世纪美国主流思想看待外资进入
国民经济重要行业的代表性看法

自美国独立以来直到 20 世纪中叶，美国联邦与各州政府先后颁布了许多针对外资的规制法案、法规。与当今美国大力提倡投资自由化不同的是，在美国还是一个净资金流入国时，美国政府十分重视应对外资进入对国家安全可能造成的威胁，为此制定了非常详细、全面的法律法规，从而保证一方面能充分吸引外国资金的流入，另一方面极力避免外国资本控制本国经济局面的发生。第七任美国总统安德鲁·杰克逊（Andrew Jackson，任期是 1829～1837 年）的这段言论可以说代表了当时美国政界与学术界在对待外资影响国家安全问题上的主流观点："如果我国的银行被某个国家的资本所控制，而这个国家不幸与美国发生了战争，那将会是一种什么样的情形呢？我们的银行、公共资金被敌国资本控制、成千上万的民众对之产生依赖，这比敌国的'船坚炮利'更要可怕与危险呵。"

（四）对我国的启示

综上所述，可以看到，美国在规制外资并购方面，体现了"松紧有度、操控在我"的特点：既尽量遵循给予外资平等待遇的国际惯例，又充分考虑美国的国家利益而对外资进行必要的"设限"；既以相关立法为基础，强调有法可依，又给予政府执行部门在实际中灵活应对的空间；既制定有"内外无别"的一般性兼并规制规则，又在专门的行业法规中对外资进入采取区别对待的限制措施。这使其一方面能够在广泛的行业领域允许外资进出自由，充分吸引外资；另一方面又建立了足够的产业"防护网"，防止外资进入无度而产生国家安全方面的隐忧。美国规制外资并购的这些有益经验值得我们在完善外资（特别是外资并购）调控政策法规体系时，加以充分借鉴。

二 英、法、德等欧洲国家及日、韩、新加坡等 东亚国家规制外资政策的主要经验做法

（一）英、法、德等欧洲经济强国规制外资政策的主要特点：总体上采取的是中性的规制政策，但"外松内紧"，更多依靠非正式防范机制与规制手段

直到 20 世纪初期，英国、法国、德国等欧洲经济强国主要扮演着资金提供国的角色。因此，直到"二战"以后，随着美国、日本资本的大量进入，这些国家才开始面临如何应对外资进入的挑战问题。虽然，在正式的立法方面，这些国家没有颁布任何歧视外资的法律法规，但还是采取了一系列正式与非正式的防范机制与规制手段来应对外资进入可能给本国经济带来的不利影响。正式的规制手段包括外汇管制、敏感行业（如文化产业、国防工业等）的外资设限等。而非正式的规制手段主要包括以下三种。第一，通过国有企业控制命脉部门，使外资难以进入这些部门。在这一方面，法国政府的做法最有代表性。即使在对其国有部门进行私有化改革时，法国政府也往往会从"经济爱国主义"的角度出发，确保与政府关系密切的核心机构投资者对其形成控股（而非像东欧一样对外资无所顾忌地出售其国有资产）。第二，对恶意并购的限制增加了跨国公司通过并购方式进入这些国家的难度。第三，这些国家还通过与跨国公司之间签订自愿性协定的方式，在零部件采购当地化、产量增长控制、出口额度等方面对跨国公司提出具体的要求，从而对重大外资项目进行必要的规范与引导。例如，尼桑 1981 年在英国建厂时，就被迫接受其 60% 的附加值在本地实现的条件。福特和通用汽车投

资英国时，也受到了来自英国政府工贸部的压力，在实现进出口贸易平衡方面做出过某种私下承诺。概括地讲，英、法、德等欧洲发达国家与美国一样，对外资总体上采取的是中性的规制政策，但也是"外松内紧"，除战略性产业对外资明确设限外，更多的是依靠各种非正式的规制手段避免外资进入可能造成的负面效应，使其最大限度地服务于本国经济发展的整体利益。

（二）爱尔兰作为欧洲后进工业化国家调整其外资政策的主要经验：从原先"盲目引进、单纯依赖外资"转向"有选择引进、内外资并重"的模式

伴随着20世纪50年代采取的进口替代型发展战略的失效，爱尔兰从1958年开始转向实施出口导向型发展战略，与这一新发展观相对应的是对外资的鼓励。这一时期，爱尔兰采用了投资补贴、出口退税、加速折旧等财政优惠措施来吸引外资，特别是鼓励外资进入出口导向型行业。但由于对外资的激励机制是"普惠式"的，这一时期政府用于鼓励外资的财政投入效益不高。至70年代末，这一引进外资政策已开始明显显示出各种弊端，如所吸引的外资集中于低附加值行业、与国内产业链联系薄弱、抑制了国内就业的增长等。因此，进入80年代后，爱尔兰对其引进外资政策进行了调整与改革。一是开始对外资有所选择，有所倾斜地使用优惠政策，确立电子、医药、软件、金融服务、电信业为吸引外资的重点行业。二是对国内产业同时加以扶持，特别是扶持相关重点产业、重点企业的发展，增强其国际竞争力。三是对国内企业的扶持帮助，主要侧重于提高其技术进步与国际市场开拓能力，而非简单地加大其固定资产投资。四是从以政府直接补贴为主转向以政府担保帮助企业融资为主。

爱尔兰政府重新调整其利用外资政策，产生了良好的效果。对外资有所选择、有所要求的策略，确保高质量外资的引进以及外资

与内资的深度结合，而外资增长与内资企业效益的提高，使经济恢复了强劲增长，并拉动了就业率的提高。由此可见，像爱尔兰这样的对外资采取自由化政策的国家，其外资政策也不是完全放任自流式的，而是对外资的流向有目标、有引导，对外资的行为有限制、有规范的。当其外资政策从原先的"盲目引进、单纯依赖外资"转向"有选择引进、内外资并重"的模式时，利用外资的收益才充分得到显现。爱尔兰的经验，也从一个侧面证明了我国《利用外资"十一五"规划》强调今后利用外资应从"重数量"转向"重质量"的决策是明智的、符合我国利用外资新形势的。

（三）日本规制外资政策的主要特点：对外资的开放充分考虑本国的产业成熟度、产业安全度，采取"先保护育成、后开放竞争"的方针

总体上讲，在发达国家中，日本对外商直接投资（特别是外资并购）的规制制度是较为严格的，而且其对外资的开放是分阶段、渐进式的，在对外资的逐步开放过程中，日本强调了对本国产业"先保护育成、后开放竞争"的方针。

在 1963 年前，日本对外资股权的限制比例一直控制在 49% 以下，因此，在 1949 年至 1967 年，外商直接投资只占日本全部外国资本流入量的 6%。1963 年后，日本逐步提高了外资控股比例，某些之前的限制类产业也开始向外资开放，但外资进入这些产业要经过外国投资委员会的单独甄别与严格审查。1967 年，日本进一步推进了外资自由化进程，将 33 个安全度较高的产业划归为"一类产业"（如家庭用具、玻璃制品、照相机、制药业等），外资可控股50%，但同时在日本合作方的主营业务、最低控股比例、董事会席位等方面都有较严格的规定，从而确保了日方对合资企业的控制权。此外，有 17 个产业被划归为"二类产业"（如普通钢材、摩托车、啤酒、水泥等），外资可控股100%（即允许独资），但这些都是日

本企业已获得很强竞争力、产业安全更高、对外资吸引力不大的产业。而且，无论是上述的一类产业还是二类产业，外资以并购方式进入都是不被允许的。1969年，日本又在一类与二类产业目录中分别加入了135个与20个产业类别。但物流、石化、汽车等战略性产业仍未向外资开放。70年代以后，日本虽逐步取消了对外资的各种正式限制措施，但仍依靠各种非正式的防范机制来应对外资（如本地银行与企业间的相互持股），使其进入受到很大限制。1971年至1990年，外商直接投资额只占日本同期固定资本形成额的0.1%。

（四）韩国规制外资政策的主要特点：充分权衡外资进入的利与弊，在给予国内产业必要保护的前提下，有步骤、有次序、有重点地实施对外资的开放

韩国在其经济腾飞时期与日本一样，采取的是主要依赖外债而非外商直接投资的利用外资政策。1963年至1982年，只有5%的外国资本流入是以FDI的形式发生的。

1981年韩国政府《外商投资白皮书》详细分析了外资进入的"利弊得失"。该白皮书所列的利用外商直接投资的利益包括有利于增加投资、创造就业、促进本国产业结构升级以及对资本账户平衡的贡献、技术转移效益等，同时也明确指出了FDI可能产生的问题，如利润外流、子公司对进出口的限制、在国内信贷市场上对内资企业的挤出效应、造成市场集中度提高而降低竞争效率、对技术进步与产业结构的不利影响，甚至跨国公司的进入会对本国政治决策产生影响等。可以看出，韩国政府对外资（特别是跨国公司投资）的"两面性"有着清醒的认识，往往根据当时所处的特定国情，来确立恰当的利用外资政策与外资规制政策，只有在充分权衡外资进入的利与弊，确定其利大于弊时，才对外资进入"开绿灯"。

70年代中期以后，随着韩国产业结构从以劳动密集型为主向以技术密集型为主转变，为保护本国企业产业技术的提升，韩国开始

对外资进入采取更多的限制措施。首先，韩国明令禁止外资进入某些产业领域。直到 80 年代早期，约 50% 的全部产业、20% 的制造业是禁止外资入内的。其次，即使是那些允许外资进入的产业，政府也采取了各项政策措施鼓励合资（而非独资），特别是鼓励韩方对合资企业的控股，从而保证合资公司的建立能够促进核心技术与国外先进管理技能的引进。一般而言，在外资允许进入的产业领域，外资的股权比例不能超过 50%。只有个别制造业行业，由于外资起着不可或缺的重要作用，才允许外资控股，而这类产业仅占全部制造业的 13%。其结果是，直到 80 年代中期，在韩国境内只有 5% 的跨国公司子公司是完全独资的（相比而言，墨西哥是 50%，巴西是 60%）。

直到 80 年代中期，韩国才开始实施外商直接投资自由化的政策，此后，外商直接投资出现较大幅度的增长。1984 年，韩国通过修改《外资引进促进法》，放宽了对外资进入的行业限制，外商可在 472 个产业种类中进行直接投资；1988 年，又进一步放宽到 762 类。1997 年，禁止外商进入的产业种类从 224 类减少到 92 类。1998 年，韩国政府又宣布再对外资开放 31 个产业领域。

韩国的经验显示了政府利用外资政策的一种成功模式：保持自主性与主动性，采取必要的法律与政策工具对外资进行引导，使本国资本与民族产业成为实现工业化进程的主力军；对外资的开放依据国情，有步骤、有次序、有重点地进行，使外资进入以不妨碍本国产业发展与自主独立性为前提。

（五）新加坡利用外资政策的特点：鼓励性政策与必要的规制并重，对外资流向的引导以及吸引外资的手段"与时俱进"

总体上讲，新加坡采取的是鼓励外商直接投资、对外资"公平对待、内外无别"的政策，在大多数产业领域，对外资的股权比例与产品内销没有采取限制性措施，对外国资本流动与收益汇出也采取较为宽松的态度，但这并不意味着新加坡对外资的态度是"放任自流"的。首先，在关系到国家安全的重要领域，新加坡仍保持对外资的必要规制。1999 年与 2000 年，新加坡分别提高了外资进入银行金融业与电信部门的门槛（在此之前，外资对当地银行的持股比例不得超过 40%，对新加坡证券交易所上市公司的持股比例不得超过 70%，对新加坡电信企业直接持股比例不得超过 49%）。但在广播、新闻媒体、律师事务所、港口等公用事业部门、国土资源等领域，仍保持了原来的限制标准与规制措施，外资进入这些部门仍将受到较严格的审查与限制。

其次，在不同的经济发展阶段，新加坡政府都根据本国当时的产业发展重点与引资优势来制定恰当的利用外资政策，对外资的流向进行引导，做到"与时惧进"，使其符合本国产业结构升级的进程。如 20 世纪 60 年代以前，新加坡处于经济腾飞初期，创造就业机会是其经济发展的主要目标，这一时期主要鼓励外资进入劳动密集型产业，优惠手段以各种投资补贴、税收减免为主，对外商的投资行为没有太多要求。而 70～80 年代，新加坡以提升产业结构、促进本国技术进步为主要目标，对外资进入的鼓励侧重于技术密集型与资金密集型产业，对外资的态度是一方面"给优惠"，另一方面"提条件"，即在技术引进与使用本地人才等方面提出有利于本国技术进步的要求。进入 90 年代后，新加坡以发展现代服务业为重点，这一时期，以吸引跨国公司来新加坡设立区域性总部为主，引资手段也转向了提供良好的基础设施、法律、人才环境等优化投资软环境方面。

三 巴西、阿根廷等拉美国家外资并购概况及其主要经验教训

（一）拉美国家外资并购概况

在发展中地区，拉丁美洲是外资并购发展最快、所占份额最大

的地区。从跨国并购增速来看，1995 年到 2000 年，拉丁美洲和加勒比地区跨国并购出售额从 86 亿美元增长到 452 亿美元，年均增长率达到 39.4%，高于整个发展中国家 28% 的年均增长率。其中，跨国并购累计金额位居前列的国家分别是巴西（821 亿美元）、阿根廷（452 亿美元）、智利（181 亿美元）和墨西哥（179 亿美元）。从所占份额及并购案个数看，2000 年拉丁美洲和加勒比地区跨国并购额占发展中国家跨国并购总额的比重达到 65%；该年度全球范围内共发生 175 件金额超过 10 亿美元的跨国并购案，被并购方属发展中国家的共 9 件，其中 8 件发生在拉丁美洲（巴西 4 件，阿根廷、委内瑞拉、墨西哥、智利各 1 件），显示了拉丁美洲在全球跨国并购的中的重要地位。

同时，与新建投资相比，跨国并购已越来越成为拉美国家吸引外资的主要形式，2000 年拉美国家跨国并购金额超过了外商直接投资的一半（相比之下，东南亚国家的跨国并购额只有外商直接投资的 1/4）。

从跨国并购的行业构成看。1991～1999 年拉丁美洲和加勒比地区跨国并购出售额累计为 1941.21 亿美元，其中初级产业为 67.31 亿美元，占 3.5%；第二产业为 696.66 亿美元，占 35.9%；第三产业为 1177.24 亿美元，占 60.6%。第三产业是跨国并购最集中的部门。在初级产业中，跨国并购主要集中在采矿、采石业和石油业。在第二产业中，跨国并购主要集中在焦炭、石油和核燃料行业。在第三产业中，居第一位的是运输、仓储和通信业，并购金额为 377.98 亿美元，占第三产业跨国并购总额的 32.1%；其次是水、电和天然气，并购金额为 280.27 亿美元，占 23.8%；金融业居第三位，金额为 277.32 亿美元，占 23.6%。由此可见，与东亚和东南亚地区不同，第三产业特别是基础设施建设、公用事业和金融业是拉美国家跨国并购的最主要领域。

（二）拉美主要国家规制外资政策简析：以巴西为例

1. 20 世纪 60 年代至 80 年代巴西外资政策的主要内容

20 世纪 60 年代至 80 年代，巴西对外资采取了较为稳定、开放同时又适度规制的政策。这一时期，巴西规制外资的主要法律依据是第 4131 号《外资法》。该法案确立的外资规制机制的核心目的是通过一定的外汇政策与税收政策，限制已进入巴西的外资重新外流，而鼓励其在巴西境内的再投资。在外资进入的行业限制方面，这一时期，巴西利用外资的"禁止类"行业主要集中在资源开采业与服务业，制造业则属"鼓励类"产业，而政府认为的战略性行业属"限制类"——外资进入将受到一定条件的约束，如必须与巴西公司合资或是有技术转让方面的要求等。

1988 年，巴西修改宪法时加入了"第 171 条款"，对巴西本国资本与外国资本做了明确界定，从立法高度强调了内、外资有别的政策。新宪法规定石油与天然气、电信与邮政属国家垄断性行业，矿产、水资源、海运、国内航空、媒体等行业只对本国资本开放，还保持了对金融业中外国资本的行为采取一定限制措施的政策。新宪法同时延续了 1984 年《信息技术法》所确立的在信息技术产业方面给予本国产品一定保护的政策。

2. 20 世纪 90 年代巴西所采取的新外资政策的特点及其政策效果

从 20 世纪 90 年代初开始，巴西逐步采取一系列措施，改变了 1988 年宪法所确立的利用外资政策方针，采取了更加自由化的外资政策：取消了外资进入信息技术产业的限制，加快了金融业开放的步伐，放松了对国际资本自由进出的控制，并通过修改宪法，明确给予外资"国民"待遇，在电信、石油与天然气领域打破政府垄断。巴西同时推进公用事业私有化及"内外资无别"政策，为外资（特别是跨国公司以并购方式）大举进入电信、石油与天然气等公用事业领域"开了绿灯"。1987～1999 年全世界最大的 50 起与私有化有关的跨国并购交易中，拉美国家（主要是巴西和阿根廷）就占了 18 起。

这一时期，巴西对外资的规制机制也从 70~80 年代的强调政府通过关税与税收政策直接干预、以"产业特惠"为特点的模式，转向政府更注重通过公共投资全面提升巴西引资环境、"普惠式"的模式。但在信息技术产业、汽车制造业等支柱产业领域，联邦政府与州政府仍保持了一定的产业干预力度，如为鼓励外资加大在巴西的研发投资，新修改的《信息技术法》规定：研发投资超过其收入 5% 的信息技术与电信设备生产商，将享受免税的特别优惠。在汽车制造业方面，联邦政府对外资的鼓励措施主要是降低相关投资品及原材料的进口关税。而各州政府出于尽快发展本地汽车业的渴望，往往竞相开出税收方面的优惠政策，并加大公共投资以改善投资环境，引发了各州之间激烈的"引资竞赛"。如 1995 年里奥德·加内罗州（Rio De Janeiro）与大众签署的引资合同所开出的优惠政策，其期限为 5 年，而 1997 年该州给予 GM 相关优惠政策的期限竟超过了 30 年。

在公用事业规制外资制度改革方面，则既有成功的经验，也有失败的教训。巴西电信业对外资的开放，相对来说是一个成功的例子（虽然也产生了一些负面效应）。90 年代以来，通过引进几家外国投资者，巴西电信业得到迅速发展，电信服务在数量和质量两方面都有了明显改善，解决了以前由政府包揽时供给不足、缺乏竞争、服务质量差等问题。但电信业对外资的过度开放也带来了本国电信市场基本被跨国公司控制、外资巨头所依靠的设备与服务网络难以"本地化"导致该行业相关的贸易赤字增加等负面效应。巴西电信业 85% 的市场被西班牙 Telefónica SA 公司所控制，当地公司 Vésper 只控制其余 15% 的市场。

而在电力领域，私营化改革却因政策设计不周而宣告失败。其主要教训是：电力市场是一个"政策风险"较大的长期市场，国有资本在该领域"退出"的同时，外资和本国私营资本由于对政府法治化水平、履约信用度等缺乏信心而没有及时"跟进",从而造成了改革之后巴西电力供应出现紧张的局面。

3. 90 年代的投资自由化政策使外资(特别是跨国公司)在巴西经济中所占份额与重要性不断提高

90 年代巴西的投资自由化政策(包括公用事业私有化、金融业重组、重点行业的外资激励政策)使巴西成为拉美地区吸引外资最多的国家,2000 年拉美地区共引进了 574 亿美元的外商直接投资,其中巴西占了 300 亿美元;但外资的大量引进,也使巴西外资与本国资本之间的差距越来越大。从 1995 年到 2000 年,巴西的 FDI 占GDP 的比重从 0.8% 上升到 5.7%,FDI 对固定资产投资的贡献率从3.8% 上升到 31.3%。1997 年,在制造业领域,跨国公司的产值占到了制造业总产值的 43.4%、制造业出口总额的 56%。2000 年,巴西外资企业(包括独资、合资等)资产总量达到 4670 亿美元,约占巴西 GDP 的 80%,外资企业销售收入达到 2310 亿美元,约占巴西GDP 的 40%。

(三)跨国并购对拉美国家经济发展的影响

20 世纪 80 年代初发生债务危机之后,拉美国家纷纷实行以市场为导向的经济改革,特别是 90 年代以来,为解决本国资金短缺、技术相对落后的问题,都加大了吸引外资(特别是跨国公司投资)的力度,实行了一系列有利于跨国并购的投资自由化政策。但在具体实践中,拉美各国在推进市场化改革、吸引外资的成效方面却出现了明显的分化,既有像巴西、智利等因加强政府监管和调控职能而使经济发展呈现良好势头的较成功的例子,也有像阿根廷这样在强化市场机制的同时,国家监管和调控职能受到损害而导致经济危机的负面例子。可见,能否让外商直接投资(包括跨国并购)对本国经济产生积极影响,同时将其负面效应控制在最低限度,其关键因素是政府是否对外资制定了合理、有效的规制规则与制度,且是否有足够的能力加以执行。

从利用外资对巴西等国所产生的积极作用看，外资大量流入改变了巴西等国 80 年代以来投资率持续较低的问题。90 年代，拉美国家外商直接投资由初期的 110.66 亿美元增加到 770.47 亿美元，这对拉美经济走出 80 年代"失去的 10 年"产生了一定的积极影响。同时，跨国公司的进入也在一定程度上提高了企业的效益，加强了基础设施部门的投资建设，并通过带来比较先进的技术、全球化的营销网络，对增加出口产生了一定的促进作用。

但外资大量流入也加大了拉美国家对外资的依赖性，加大了这些经济体对"外部因素"变化的敏感性与脆弱性，加大了东道国政府调控外资的难度。90 年代后半期阿根廷等国先后爆发的金融危机，其主要导火线就是外资流向的突然改变。此外，在拉美国家的跨国并购中，还存在外资在部分产业中居垄断地位、市场集中度提升、对外资的特别优惠使本国企业受到抑制以及跨国并购技术外溢性低、就业效果差、跨国公司向外转移利润导致东道国福利损失等问题。

1. 外资在部分行业居垄断地位、市场集中度提升

有些跨国公司在进入拉美一些国家后，依托其强大实力，通过收购当地企业（特别是收购与之相竞争的市场领先企业），很快获得了占垄断地位的市场份额，造成这些国家部分重要行业被外资完全控制。如西班牙 Telefónica SA 公司控制着巴西 85% 的电信业市场。西班牙 Respol 石油公司控制着阿根廷 57.5% 的石油市场。在墨西哥金融业向外资开放后，外资所占市场份额急剧上涨，1994 年外资银行的市场份额只有 3%，而在 20 世纪末外资已控制墨西哥银行业 25% 的市场份额。

2. 跨国公司与本国企业差距不断加大

跨国公司利用竞争优势排挤本国企业，造成拉美国家内外资之间的差距不断加大。1997 年，巴西制造业领域的跨国公司其产品出口率是国内企业的 3 倍以上，巴西制造业出口的 56% 是由跨国公司创造的。特别是在汽车、机械、电子设备等资本与技术密集型领域，跨国公司更是增长迅猛，产业集中度不断提升，占尽优势。1978 年至 1997 年，这些产业中最大四家企业的市场份额平均增加了 24%。

3. 跨国公司在原材料、设备采购方面存在一定的"进口偏好"，影响了其技术外溢性

90 年代实施外资自由化政策以来，外资企业进口占巴西进口总额的比重从 38.8% 上升到 60.4%，而外资企业出口占巴西出口总额的比重从 46.8% 上升到 60.4%，说明外资企业的进口相对于出口，增长得更快。外资企业（特别是跨国公司）在原材料、设备、技术采购方面依然依赖原先的供应商网络，而这一"偏好"是不利于本国相关配套企业、供应商网络通过吸引外资获得技术进步与产业发展的。

4. 外资并购对新增生产能力及就业的贡献不大

由于大量外商直接投资是伴随拉美国家公用事业民营化与银行业重组改革，以跨国并购的方式（而非新建投资的方式）进入的，90 年代巴西等国的外资增长虽然很快，但对创造新增就业机会的贡献却十分有限。外资并购一般不像新建投资那样，能给东道国带来新增生产能力并创造新的就业机会。相反，汽车和金融行业的许多并购重组往往导致公司裁员，从而减少就业。例如，在巴西，跨国公司对当地汽车、银行业的收购导致大幅裁员的现象屡有发生。

5. 跨国公司的资金外移对拉美国家外汇账户平衡产生不利影响

在拉美，跨国公司以利润转移的形式向外转移资金，也对拉美经济造成了一定的不利影响。自 1999 年以来，拉美国家再次成为资金净流出地区，而且净流出资金的规模逐年扩大，2005 年达到 675 亿美元。开放金融管制为外资利润外流开了方便之门，而资金净流出对拉美国家外汇账户平衡产生了不利影响。以巴西为例，1995 年至 2000 年，与外资企业相关的巴西外汇账户赤字（包括贸易逆差）

从 62 亿美元上升到 149 亿美元, 占整个赤字的比重从 33.8% 上升到 61.4% 。

(四) 给我们的主要启示

从拉美国家的上述经验教训中, 我们可以看出, 外资是一把双刃剑, 而能否用好这把剑, 关键要看政府是否具有足够的调控驾驭能力。此外, 民族产业的发展壮大, 也在很大程度上决定了一个国家的抗外资风险能力。如阿根廷不能像韩国一样很快摆脱金融危机的阴影, 其主要原因之一, 就是阿根廷过于依赖外资, 其民族产业比较弱小。一些拉美国家的经验还证明, 在推行私有化、对外资全面开放的过程中, 如果政府丧失了必要的调控与监管职能, 引进外资的负面效果就可能超过它的正面效果, 特别是将会加大国家经济安全方面的风险。

四 结论与启示

(一) 不同的国家类型, 关于外资的产业安全观是不同的

从地缘政治与国家发展战略等角度看, 大国与小国对于建立完备的本国工业体系与实现本国经济的自主独立性, 其强调程度是不一样的。而从强势国家与后发国家的比较上看, 在本国产业成熟度、国际竞争力上的强弱差异, 也决定了其处理外资与本国产业的关系、看待外资影响本国产业安全的态度与眼光是不同的。具体分析各国的情况, 可以看到, 欧美等国属于 "大国成熟型", 本国经济在资金、技术乃至国际经济秩序话语权等方面均处于强势地位, 因此其看待与外资有关的 "产业安全" 问题, 更多的是考虑如何避免外资进入带来国家安全隐患或损害国家经济整体利益, 而非就具体产业来论安全。而日本、韩国在 20 世纪 60~80 年代属 "大国赶超型",

其产业安全观既与欧美等"大国成熟型"不同，也与新加坡等"小国赶超型"不同。由于强调本国工业体系的建立与经济上的独立自主性，因此在国内某些产业成熟度尚"欠火候"时，仍十分重视具体产业的安全问题，其对外资的规制也更多的是就如何保护尚不安全的产业来论安全。相比而言，新加坡、爱尔兰等国属"小国赶超型"，从其国家发展战略上看，主要是强调如何使本国经济（包括内外资）在全球范围的国际产业链分工中占据最有利的位置，因此，这些国家主要是从如何使引进的外资有助于实现这一目的从而保证国家经济持续增长来论与外资有关的安全问题。

（二）世界各国中主要存在四种类型的利用与规制外资模式，但在主要发达国家与成功实现经济追赶的国家中，没有一个对外资是采取放任自流态度的

比较各国在利用、规制外资政策方面的特点，可以看到，世界各国中主要存在四种类型的利用与规制外资模式。首先，美、英、德等发达国家，在全球化中居于强势地位，主张全球范围内的投资自由化，其外资规制政策一般是"中性的"，但实际操作中也并非对外资完全放任自流，而是"外松内紧"，主要依靠各种非正规的防范机制来控制外资进入的成本与风险。其次，除上述经济强势国家"中性的"外资规制模式外，在发展中国家、工业化后发国家中，按其对外资规制的松紧度，又分为三类：一是鼓励型（如新加坡、爱尔兰），二是限制型（如70~80年代的韩国、60~70年代的日本），三是放任型（以拉美、东欧一些国家为代表）。

因此，可以看到，在利用、规制外资政策方面，由于各国国情不同、所处发展阶段不同，没有一个普遍适用的成功模式可以照搬。但我们可以至少找出这样一点共性的规律，即主要的发达国家以及成功实现经济追赶的国家，没有一个对外资是采取放任自流态度的。而对外资进入毫无顾忌的国家，如波兰等东欧转轨国家、阿根廷等

拉美国家，无一不尝到了这一轻率态度的苦果。

（三）对外资应鼓励与防范两手抓，对其"利"加以鼓励、引导，对其"弊"加以限制、防范

外资对一国而言是有利有弊的，因为外国资本与本国经济必然存在利益上的不一致性，比较清醒、理智的态度应是：对其"利"加以鼓励、引导，对其"弊"加以限制、防范。

随着全球化进程的加快，外资的大举进入带来了市场力量与政府力量的平衡问题、国内资本与国外资本的平衡问题。健康的市场经济应是这两组关系都彼此平衡的。从各国经验看，当采取了恰当、符合本国国情与发展战略的外资规制政策使这两组关系处于平衡状态时，往往利用外资的收益大于成本。相反，如果应对外资的政策不当，导致两组关系失衡（如"跨国公司强、本国政府弱"或"外资强、内资弱"）时，利用外资的成本将大大超过其收益。

因此，对外资应鼓励与防范两手抓，其松紧度的把握、政策组合的设计，应根据本国所选择的发展战略、所处的经济发展阶段、产业成熟度与国内外形势、条件，适时灵活地调整，做到"审时度势""与时俱进"。可以说，外资是一把双刃剑，而能否用好这把剑，关键要看东道国政府是否具有足够的调控驾驭能力，是否采取正确的调控政策与手段。

（四）在利用外资的类别上，应强调以绿地投资为主、以并购投资为辅

东欧与拉美一些国家的教训给了我们这样的启示：经济开放度越高，国家必要的管理调控职能越要加强。应完善制度，避免国有资产被贱卖，避免外资在对国有资产的并购中享有"超国民待遇"，或明显处于国内企业无法与之竞争的优势地位。在利用外资的类别上，应强调以绿地投资为主、以并购投资为辅，因为绿地投资更有

助于增加一国的固定资产投资、带来先进技术、创造就业机会、增加市场竞争力，而这正是多数发展中国家引进外资的主要初衷。从地区比较看，爱尔兰、新加坡与东欧、拉美国家都采取了投资自由化的政策，但一个以绿地投资为主，一个以外资并购、收购为主，直接影响了两类国家的引资效果。再有，就是不能在条件未成熟时完全放开资本市场管制，资本市场的自由化应是渐进的；对外资企业通过外贸结汇、外资银行的渠道外流其利润、红利也应有所警惕、有所防范。

（五）制定符合国情的外资并购规制政策体系，实现内、外资的"共荣"与"双赢"

制定外资并购规制政策体系，应综合我国的具体国情，充分借鉴上述国家在引进外资方面的成功经验与失败教训。从我国是一个大国的角度考虑，必须控制一定的敏感性、战略性部门，保证国家安全与经济、政治上的独立自主性。从我国是一个后发国家的角度考虑，又需要在广泛的产业领域，对外资（主要是能带来国际先进技术与管理经验的高质量外资）采取鼓励的政策。但一定要"两手抓"，提升市场开放度与加强政府必要的调控职能相结合，鼓励外资与扶持国内企业相结合，通过综合运用财政、税收政策、外汇与关税管理政策、产业政策等，积极引导外资的流向与投资行为，充分做到取其"利"而避其"弊"，并使外资调控政策随着国内宏观经济与产业发展环境的变化做到"与时俱进""松紧适度""操控在我"，达到"为我所用"的目的，从而实现利用外资收益最大化、成本风险最小化，实现内、外资的"共荣"与"双赢"。

第六部分

城市经济发展

第十二章 国外主要城市在人均 GDP 达到 1 万美元后出现的阶段性 发展特征及其对北京的启示

一 纽约、伦敦、巴黎、东京、莫斯科、墨西哥城等 城市人均 GDP 迈过 1 万美元后 出现的阶段性发展特征

美、英等西方发达国家人均 GDP 达到 1 万美元,基本上是在 1970 年前后完成的,日本人均 GDP 在 1984 年突破 1 万美元;按 PPP 方法计算,俄罗斯的人均 GDP 在 2005 年达到 1 万美元,墨西哥的人均 GDP 在 2006 年达到 1 万美元。纽约、伦敦、巴黎在 20 世纪 60 年代初人均 GDP 就率先达到 1 万美元,东京人均 GDP 大概在 70 年代中期达到 1 万美元,而莫斯科和墨西哥城的人均 GDP 是在 21 世纪初才达到 1 万美元的(见表 12 - 1、表 12 - 2、表 12 - 3)。

表 12 - 1 英国人均 GDP (按 1990 年不变价格)

单位:国际美元

年 份	人均 GDP
1961	8857
1962	8865
1963	9149

年　　份	人均 GDP
1964	9568
1965	9752
1966	9885
1967	10049

表 12 - 2　东京的实际人均 GDP

单位：国际美元

年　　份	人均 GDP
1953	2130
1963	3475
1973	8382
1983	20031
1993	57082
2003	54165

表 12 - 3　墨西哥的实际人均 GDP

单位：国际美元

年　　份	人均 GDP
2000	8500
2001	9100
2002	9000
2003	9000
2004	9000
2005	9600
2006	10000
2007	10700
2008	12400
2009	13900

这些国际大都市在人均 GDP 达到 1 万美元后，经济持续保持增长，人均 GDP 不断迈上新台阶。根据 OECD 的有关研究报告，2005 年纽约人均 GDP 已达到 6.1 万美元，伦敦人均 GDP 已达到 5.46 万美元，巴黎人均 GDP 已达到 4.77 万美元，东京人均 GDP 已达到 3.59 万美元，墨西哥城人均 GDP 已达到 1.81 万美元。

这些城市在人均 GDP 超过 1 万美元而后向更高发展水平迈进的过程中，在产业结构、消费结构、城市国际化进程、城市增长动力、城市空间布局、社会福利与公共服务、城市生态建设与环境治理等方面，都出现了一些带有普遍性的规律特征，也都面临一系列城市发展中的新问题和挑战（例如：后工业化、金融等生产服务业在空间上的集中、城市空间布局重组、劳动力市场的分割、社会阶层的分化等）。这值得我们加以分析、借鉴，以此为依据有助于我们正确预测、判断北京在"十二五"期间人均 GDP 达到 1 万美元后，可能面临的新发展阶段的规律特征、问题和挑战。

（一）产业结构升级进程加快，生产性服务业成为产业增长的主要动力

20 世纪 60 年代以来，生产性服务业开始兴盛，服务不再被理解为是不可贸易和不可储存的，出现了专门提供生产性服务的公司，对这类服务的需求日益增加。小公司也可以通过向这些公司购买所需服务而节约成本。这些公司不一定要靠近它的购买者，而是需要靠近其他的生产性服务业公司。大城市提供了吸引生产性服务业从业者的工资水平和生活环境，因此成为生产性服务业的产业集聚地，伴随着制造业的外迁，主要城市生产性服务业比重日趋上升。

这些城市人均 GDP 达到 1 万美元后，开始向后工业化阶段加速发展，现代服务业特别是生产性服务业（主要包括金融、会计、广

告和法律等）逐渐成为城市的主导产业。纽约从 20 世纪 60 年代开始，伦敦从 20 世纪 70 年代开始，制造业产值和就业份额持续下降，生产性服务业比重持续上升。东京从 70 年代开始，也出现了第三产业特别是现代服务业快速发展的趋势。这一时期，纽约、伦敦、东京等城市的产业空间分布明显呈现制造业外迁、消费性服务业向郊区转移、生产性服务业向城市中心区集中的态势。

1. 纽约市的产业结构变动

20 世纪 60～80 年代的 3 个十年间，纽约制造业的就业人数分别减少了 18 万人、27 万人、15.8 万人。在工业化早期，制造业集聚于城市的种种理由，如交通、市场、电力与铁路运输之便等，随着现代化的进展已风光不再，而劳动力成本、土地成本的上升则成为影响制造业产品竞争力的负面因素，在此背景下，出现了制造业企业纷纷迁离中心城市的现象。

1969～1977 年，纽约市 143 个制造业行业中，只 9 个行业的就业有所增加，共增加了 7500 个工作岗位。与此同时，在轻工业内部，出现了大批量生产让位于小批量、非标准化生产的趋势，产业部门的集聚也日益增强。这些产业能够适应大都市，特别是像纽约市这样的国际大都市的特点，其中最为突出的就是服装业和印刷出版业。

另一方面，服务业、金融保险和房地产业以及各级政府部门的就业人口不断增加，在整个就业人口中的比重持续上升。其中，服务业就业人数在 60 年代、70 年代、80 年代分别增加 17.9 万人、10.7 万人、25.6 万人。

总之，60 年代以来，纽约制造业的就业比重持续下降，生产性服务行业快速发展，其中法律服务、商业经营服务、银行业增长最快（见表 12 - 4、表 12 - 5）。

表 12 – 4　20 世纪 60～80 年代纽约就业结构变化

单位：%

行　　业	20 世纪 60 年代	20 世纪 70 年代	20 世纪 80 年代
制造业	29.0	24.0	17.4
建筑业	6.0	3.5	2.7
消费性服务业	40.4	38.7	39.9
生产性服务业	25.8	33.8	40.0

表 12 – 5　纽约都市统计区生产性服务业就业人数变化

单位：万人

行　　业	1975 年	1980 年	1985 年
商业服务业	18.6	24.1	27.4
工程和管理服务业	—	—	—
教育服务业	6.4	7.5	8.9
医疗服务业	18.4	19.4	22.7
法律服务业	3.5	4.5	6.0
社会服务业	5.2	6.6	10.6
金融保险和房地产业	42	44.8	50.8

资料来源：美国劳工统计局。

　　美国学者莫伦考夫（J. Mollenkopf）认为，纽约 70 年代后期以来经济高速发展主要得益于强大的生产性服务业。GDP 的结构也呈现类似的变动规律。

2. 伦敦市的产业结构变动

　　1961～1981 年伦敦制造业的就业人数从 145 万人下降到 68.1 万人（占总人口的比例由 20% 下降到 10%），1983 年只剩下 58 万人。与此同时，伦敦出现了一批现代化工业产业，如电子工业（1975～1981 年的增长速度是 38%），现代服务业尤其是银行和金融业快速发展。随着制造业向郊区转移、中心区人口向郊区扩散，私人消费服务与公共服务在大都市外部分别获得 28 万个、20 万个工作岗位。

1971～1984 年伦敦就业人数变化如表 12-6 所示。

表 12-6 1971～1984 年伦敦就业人数变化

单位：万人

年　份	伦敦区			大伦敦		
	总就业	制造业	生产服务业	总就业	制造业	生产服务业
1971	579.5	175.6	65.1	393.7	104.9	52.0
1978	567.9	142.5	73.8	366.3	76.9	56.0
1981	556.2	126.3	75.3	356.7	68.1	56.8
1984	551.3	110.6	85.6	346.3	56.9	63.1

3. 东京市的产业结构变动

东京的第三产业在 1970 年以来，一直保持快速发展的态势，产值和就业份额不断上升，随着企业总部不断向东京集中，金融、保险、法律服务、信息等生产性服务业迅速发展，仅 1983～1988 年，东京的事务所和银行用地面积从 112.9 万平方米增加到 281.6 万平方米，增长了 1.5 倍。1970～1985 年东京就业结构变化如表 12-7 所示。

表 12-7 1970～1985 年东京就业结构变化

单位：万人，%

年　份	就业总数	第二产业		第三产业	
		人数	比重	人数	比重
1970	567.07	220.25	38.8	339.64	59.9
1975	561.99	192.85	34.3	361.86	64.4
1980	567.20	180.54	31.8	381.86	67.3
1985	600.55	178.59	29.7	414.53	69.0

4. 巴黎市的产业结构变动

由于传统的因素，在 20 世纪 60 年代以前，巴黎一直是法国重要的工业中心。但是自 20 世纪 70 年代以来，巴黎市政府为了保护巴黎古都的风貌、维持都市的生态平衡和提高市民的生活质量，不断地对经济结构和产业结构进行调整。调整后的巴黎经济结构和产业结构发生了很大的变化。在巴黎的三大产业中，第三产业遥遥领先，占三大产业产值总和的 90% 以上。可以说，巴黎市区已经实现"非工业化和几乎第三产业化"。而在第三产业中，又以提供生产和生活服务的服务业为主导，特别是生产服务业。总之，在迈过人均 GDP 1 万美元这个阶段后，巴黎经济也加速向后工业化阶段发展，经济结构从工业型的经济转向了服务型的经济。2003 年的巴黎企业结构如图 12 - 1 所示。

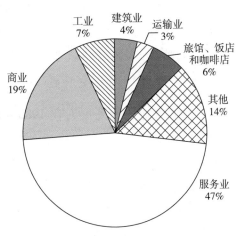

图 12 - 1　巴黎企业结构（2003 年）

5. 莫斯科市的产业结构变动

在人均 GDP 迈向 1 万美元这一特定时期，莫斯科市的产业结构也发生了明显的变化。到 2002 年，莫斯科市的工业虽仍具较强的实力，但不再具有以前那样高的比重。受经济结构改造、私有化、环境保护以及经济危机等方面的影响，莫斯科市就业结构发生了变化。工业就业人数所占比重由 1995 年的 28.4% 下降为 2002 年的 19.8%。而商业服务业的就业人数所占比重由 26.5% 增加到 42.8%。除了个别产品如轮胎以外，大部分重工业产品在全国的比重也在下降。与

1990 年相比，2002 年金属切削机床在全国的比重由 12.5% 下降为 2.6%，小轿车由 9.6% 下降为 0.02%；轻工业产品也在下降，如布匹产量由 7.3% 下降为 2.2%。伴随工业产值份额下降，商业和服务业的份额不断上升，银行、原料和证券交易所的商业服务份额也有所增长。

6. 墨西哥城的产业结构变动

20 世纪 90 年代以后，作为墨西哥政府分散化政策的结果，再加上墨西哥城以外地区出口加工工业的发展和《北美自由贸易协定》的签署，墨西哥工业发展中心开始向北部和中北部地区转移，北部成为全国工业发展最快的地区。1985 ~ 1993 年，北部地区制造业部门就业人数的年均增长率达到 9%，而包括墨西哥城在内的中部地区为 -2%。北部边境 7 个州的制造业部门就业人数占全国制造业部门就业人数的比重已从 1985 年的 17.4% 上升到 1993 年的 30.1%，以北部中等城市为中心形成了 12 个新的工业区。与此同时，墨西哥城出现了非工业化和第三产业化的趋势。大批工业企业出于环境保护等原因迁出墨西哥城。在墨西哥城，制造业在国民经济中的比重趋于下降，服务业成为墨西哥城最具活力的产业，服务业产值占到了墨西哥城总产值的 2/3，服务业创造了新增就业的 90%。这说明，1990 年以后，墨西哥城也开始经历产业结构的重大调整。

（二）经济增长动力转向"服务 - 消费拉动型"，产业发展从资本要素主导阶段开始转向知识经济阶段

这一时期城市增长的动力发生了变化：在主要市场驱动力中，来自全球市场对资本和服务的需求的作用加大，其次是来自国内中产阶级日益增长的消费需求的拉动。此外，对国际市场的出口、来自政府和组织的消费需求的作用也在加大。

根据有关理论，城市产业发展按照其要素条件约束，一般会表现出三个阶段的规律，即一般要经过自然要素主导阶段、资本要素

主导阶段和知识经济阶段。

在资本要素主导阶段中，由于基础设施的不断完善，交通技术的不断进步，资本、技术等在区域之间的流动性大大增强，资本的聚集往往对城市产业的发展有重要的影响，城市内部资本密集型产业快速发展，产品的技术含量普遍比前一阶段要高。另外企业的数量增多、贸易量的增加，使得金融、保险、商务服务、科学研究的需求也大大增加，刺激了生产性服务业的发展。

处于知识经济阶段的城市，其产业以金融保险、房地产、社会服务等服务业为主，不过产业结构中仍有部分制造业，主要是一些都市型产业和高新技术产业（信息、新材料、生物等）。例如，纽约市内仍旧保持了一定规模的工业，布局以小型制造业企业为主，主要是服装加工、印刷出版和食品生产企业。纽约市内的工业分布呈现两种形式：一种是通过改造废弃小区形成的"袖珍工业园"，主要集聚着规模有限的小型制造企业；另一种是依托大学的"高科技产业园"，主要负责研发技术等。

在进入知识经济阶段后，这些城市逐渐呈现从产品经济中心向信息处理中心转化的趋势，大城市的基本功能更多的是知识的生产和分配以及对技术的统治。

根据对国外典型城市产业结构变动趋势的分析，全球城市在进入人均 GDP 1 万美元时正是从资本要素主导阶段向知识经济阶段加速发展的时期。

（三）创新型产业、创意产业成为城市主导产业的新引擎

国外经验表明，人均 GDP 超过 1 万美元之后，城市应该实现从以模仿型创新为主到以原创型创新为主的战略转变。在经济全球化的背景下，一种以创新为特征的产业集群在世界各地正蓬勃发展。不同城市根据自身优势，发展出了各自的主导产业集群，例如东京的机器人和动漫产业集群、首尔的影视和网络游戏产业集群、伦敦

的新媒体产业集群、纽约的金融产业集群、新加坡的生物技术产业集群，都对整合城市创新能力、提升城市综合竞争力起到了至关重要的作用。

创新型产业和创意产业的发展需要建立完善的地区创新体系。要提升城市原始创新能力和产业集群整合力，国家和地区层面的产业政策往往发挥着十分重要的作用。此外，财政、金融、要素市场、社会政策等方面的激励体系，完善的吸引优秀人力资源的机制与环境，有利创新的产业组织体系，都对一个城市发展创新型产业起着十分重要的作用。

（四）居民消费能力快速提高，消费结构转向以发展型、享乐型消费服务为主

总体上看，在这些城市人均 GDP 达到 1 万美元后，依靠增长结构的转型、技术创新能力的提高、公司企业实力的壮大，城市中产阶层快速崛起、壮大。中产阶级队伍壮大，带动居民整体消费能力快速上升。1970～1980 年，纽约、伦敦、东京等城市居民人均消费支出增长了 2～4 倍。随着消费结构升级加快，发展型消费、享乐型消费、以满足人的更高需求为导向的各种新型消费（如文化娱乐、健康服务、培训、旅游等）呈现快速增长趋势。

（五）城市经济的国际化、区域化进程加快，城市的中心管理职能不断提升

20 世纪 70 年代以来，随着经济全球化的不断演进，这些国际城市在全球、国家、区域经济体系中的地位也在不断加强。基于纽约、伦敦、东京的研究，我们可以看到，全球化为这些国际城市带来了新的功能：一是国际城市成为全球经济的控制中心（全球跨国公司总部在国际城市），二是城市的产业结构从以制造业为主逐渐转变为以现代服务业为主，三是国际城市成为高新技术的生产和研发基地，

四是国际城市同时成为创新中心、创意产业中心。

需要指出的是，全球化带动了经济活动的区域分散化，但这种经济活动分散化却同时带来了强化中心控制与管理的必要性。也就是说，全球化带来经济活动在地区上的分散化趋势，使得新型工业化国家的企业快速发展，但这种发展只是产业链中的一部分，跨国公司继续控制着大量的最终产品，并从中获得利润。并且，金融业的国际化虽刺激了许多小规模金融市场的出现，但是金融业的最终控制和管理仍然集中于纽约、伦敦、东京、法兰克福和巴黎等城市。经济越是全球化，中心功能越是集中在全球城市中。随着生产性服务业高度集中在世界城市，这些城市逐渐成为"全球性服务中心"，形成以生产性服务业为核心的新的产业体系，其中心管理功能不断提升。

（六）城市发展面临空间重组，更加强调"多极化、均衡化"的空间布局

在纽约、伦敦、东京等城市人均 GDP 达到 1 万美元后，城市化进程将步入以提升质量为主的稳定增长阶段，城市化发展出现多极多核的趋势，增强城市之间、城市与周边区域之间的整体联动，成为城市化发展的一个重要方向。从发达国家大城市发展经验看，这一时期，通过区域空间重组，实现核心城市与周边地区之间的垂直分工、各核心城市之间的水平分工，从而形成功能性质互补的网络型区域空间结构的重要性日益凸显。为此，往往需要建立区域联合性、协调性的政府机构，以协调解决对区域发展有重大影响的问题，制定区域层面的发展规划。

以日本东京为例，20 世纪 60~70 年代，伴随日本经济的高速发展，东京的城市扩展速度十分迅猛，但呈现的是"单极集中"的模式，东京大都市圈几乎囊括了国家政治、经济、文化及国际金融等全部城市职能。然而，这种模式远远超出了城市本身所能承受的程度，人口过密、地价高涨、交通拥挤、环境恶化等城市问题在这一

时期频频爆发。鉴于对这一模式诸种弊端的反思，日本政府从 20 世纪 70 年代中后期开始制定并实施东京城市圈发展"多核分散"的设想，通过将东京的诸功能分散到周边的神奈川、千叶、埼玉、茨城、群马诸县，从而构建多极、多圈层的区域空间结构。经过 20 多年的发展，东京大都市圈内部各核心城市间形成了相对比较明显的区域职能分工与合作体系。

而伦敦在 60 年代中期编制的大伦敦发展规划中，则试图改变 1944 年大伦敦规划中同心圆封闭布局模式，使城市沿着三条快速交通干线向外扩展，形成三条长廊地带，在长廊终端分别建设三座具有功能疏解作用的城市，以期在更大的地域范围内，解决伦敦及其周围地区经济、人口和城市的合理均衡发展问题。

与纽约的情况不同，伦敦现代服务业的布局特征和发展策略呈现"多极化、等级化、功能化"的特征。1970 年以后，英国西南地区被确定为发展新区，吸引了一批制造业和生产性服务业，于是除了高端服务业倾向于继续留在伦敦中心区之外，大部分公司总部重新选址。为适应全球经济活动的复杂化与专业化，伦敦的生产性服务业在空间分布上呈现明显的功能定位等级体系：城市中心主要承担国际化、信息化程度高的高级商业服务，内城区和郊外的新兴商务区则主要面向国内或当地制造业，同时接受来自城市中心区的高等级产业辐射，而制造业中心则外迁到了伦敦周边的地区，不同功能区之间彼此协作关系密切。从伦敦的情况看，生产性服务业实现产业集聚和合理的空间分布，将有利于增强上下游产业之间的关联效应，共用劳动力市场，增加知识溢出，从而节约企业成本，培育竞争氛围，形成产业发展的强大动力。

（七）公共服务投入进入平稳快速增长期，更加重视解决服务配置不均等的问题

这些城市人均 GDP 达到 1 万美元之后的一段时期，正值这些国

家处于工业化后期的发展阶段。在工业化后期阶段，发达国家普遍采取了促进教育事业发展、加强医疗等公共服务、完善社会保障体系等措施，以营造有利于社会经济健康发展的宏观环境。这一时期，美、英、日等发达国家在教育、医疗、住房等社会保障与福利方面的支出增长较快，占 GDP 比重明显上升。

从公共教育经费的投入看，在 20 世纪 70 年代，美国公共教育经费占 GDP 的比重年平均高达 7% 以上。英国的公共教育经费占 GDP 比重从 1970 年的 5.3% 提高到了 1975 年的 6.6%，同期，法国从 4.8% 提高到 5.2%。日本的公共教育经费则从 1970 年的 3.9% 大幅度地提高到了 1980 年的 5.8%（见表 12-8）。

表 12-8　发达国家公共教育经费占 GDP 的比重

单位：%

年份	法国	日本	英国	美国
1970	4.8	3.9	5.3	7.5
1975	5.2	5.5	6.6	7.4
1980	5.0	5.8	5.6	6.7

从医疗卫生的经费投入（见表 12-9、表 12-10）看，纽约、伦敦、东京等城市人均 GDP 达到 1 万美元时，美、英、日等国已全面建立起了完善的全民医疗保障体系，医疗卫生经费占 GDP 比重明显高于其他国家，且在此之后较长时期一直保持平稳增长。例如：1961 年，在日本刚开始建立全民医疗保障体系时，日本医疗卫生支出仅为 5130 亿日元，人均年医疗经费为 5400 日元。但到 1978 年时，日本医疗卫生支出已达 10 万亿日元。自此之后，日本卫生支出年均增加 1 万亿日元左右，到 1996 年达到 28.5 万亿日元，占 GDP 的比重为 7.0%。国际经验还表明，当一个国家或经济体的人均 GDP 达到 1 万美元后，政府的医疗卫生经费占全部医疗卫生经费的比重将提高到 50% 以上，并且将在之后相当长时期内保持持续、稳定增长，

从而使政府卫生经费所占比重不断上升，个人经费所占比重不断下降。以英国为例，1979~1997 年英国政府的医疗卫生支出经费年均增速为 3.1%，高出同期英国 GDP 增速 1 个百分点。

表 12 - 9 　日本和韩国的医疗卫生经费（1996 年）

国家或地区	卫生支出占 GDP 的比重（%）	人均卫生经费（澳元）	政府医疗卫生经费占全部医疗卫生经费的比重（%）
日本	7.0	3572	80.0
韩国	6.0	1532	54.7

表 12 - 10 　七国集团（G7）医疗卫生经费占 GDP 的比重

单位：%

国　　家	1970 年	1980 年	1990 年	1995 年	1997 年
美国	7.3	9.1	12.6	14.1	13.9
日本	4.6	6.5	6.1	7.2	7.2
德国	6.3	8.8	8.7	10.4	10.7
法国	5.8	7.6	8.9	9.8	9.6
意大利	5.2	7.0	8.1	7.7	7.6
英国	4.5	5.6	6.0	6.9	6.8
加拿大	7.0	7.2	9.2	9.4	9.2

此外，在人均 GDP 达到 1 万美元之后，重视解决卫生资源配置不平等问题也成为这一时期发达国家公共服务政策转变的一个重要特征。例如，20 世纪 80 年代以来，日本修改了相关的医疗卫生法案，开始引入公共医疗卫生规划的政策措施，重视解决卫生资源配置不平等的问题，重视加强各级医疗组织之间的协作，促进医疗卫生服务在基层社区中的发展。

从社保体系建设的情况看，当这些国际大都市人均 GDP 达到 1 万美元时，也正是这些国家或经济体社会保障体系建设进入全面完善的时期。以日本为例，1975～1985 年，伴随着日本经济向发达国家迈进的进程，日本的社会保障支出（包括医疗保险、养老保险、其他福利保障）持续保持高增长的态势，社会保障支出总额从 1975 年的约 11.8 万亿日元增长到了 1985 年的约 35.7 万亿日元，占国民收入的比重从 1975 年的 9.49% 上升到 1982 年、1985 年的 13.7%。其中，养老保险支出增长最快，其比重呈不断上升之势（见表 12-11）。

表 12-11　日本的社会保障支出

单位：亿日元，%

年　份	全部社会保障支出	医疗保险所占比重	养老保险所占比重	其他福利保障所占比重	社保支出占国民收入比重
1970	35239	58.9	24.3	16.8	5.77
1975	117693	48.5	33.0	18.5	9.49
1978	197763	45.1	39.6	15.3	8.14
1980	247736	43.3	42.2	14.5	12.4
1982	300973	41.2	44.3	14.4	13.7
1985	356798	40.0	47.3	12.6	13.7

（八）对生态环境的投入加大，城市环境"倒 U 形"曲线经过拐点进入上升曲线

按照有关理论，在经济发展过程中，环境状况先是恶化而后得到逐步改善。这个"倒 U 形"的曲线中，转折点的出现恰恰是在人均 GDP 接近或达到 1 万美元阶段。例如，日本在经济高速增长、城市化加速过程中，一方面，建立起了庞大的经济体系和坚实的工业基础；另一方面，由于钢铁、水泥等产业迅速发展，再加上生产、消费活动空间分布过于集中，城市大气污染、水质污染、绿地减少、生态恶化状况十分突出。为了应对日益严峻的环境问题，日本从 20 世纪 60 年代开始重视城市环境的保护，经过多年努力，20 世纪 80

年代后城市环境问题得到根本的遏制和改善，越来越多的市民对人居环境感到满意。

进入后工业化阶段后，国际城市开始越来越重视打造"绿色都市"。2001年伦敦提出其经济发展战略目标是：使伦敦发展成为繁荣的城市、宜人的城市、宜达的城市、公平的城市、绿色的城市。

巴黎在有关城市规划中，增加了建筑容积率报批授权的条款，该规划要求维护私有绿地面积，鼓励增加建筑内部的绿化面积，并严格限制办公楼的建设。经过20世纪60年代以来的"绿化工程"建设，巴黎的绿地面积进一步扩大，现有森林27万公顷，占土地总面积的23%。巴黎市区人均占有绿地24.7平方米，列世界第9位。巴黎市区除了拥有东边的万塞讷森林和西边的布洛涅森林外，还兴建和扩大了426个公园，占地380公顷。在巴黎市区，每隔500米，就能找到公园或绿地。

二 国外主要城市在这一时期遇到的主要问题

（一）经济增长面临趋缓的风险

在人均 GDP 迈过 1 万美元向后工业化阶段发展的过程中，国际城市可能会遭遇经济增长趋缓的风险。例如，巴黎地区企业集中，企业比重大，专业化程度高，但是，随着巴黎逐步进入后工业化阶段，巴黎大区的经济增长开始趋缓，增长率要低于各省的增长平均数。巴黎的人口和职业密度比预计的下降速度要快，特别是在首都中心地区，导致巴黎失去了部分活力。

（二）在建立国际化大都市过程中，不同地区和部门政策之间缺乏协调会产生各种问题

以墨西哥城为例，随着城市的迅速扩展，墨西哥城联邦区已经

和墨西哥州的一些城镇连为一体，形成现在的大墨西哥城。大墨西哥城除联邦区外，还包含墨西哥州的 11 个区 34 个市镇。但联邦区政府所制定的《城市结构法》和《城市发展法》，只局限于在联邦区范围内实施，而不适用于那些同样位于墨西哥城却在行政上归属墨西哥州的地区。这种因行政区域归属不同造成的法律、法规和城市规划方案的错位，在公共服务、司法案件审理、税收、土地使用等方面引发了一系列问题。

另外，墨西哥政府与联邦区政府也存在政策上的冲突，造成墨西哥城的城市发展规划与全国的城市发展规划产生冲突。例如，墨西哥政府从全国各地区协调发展的角度出发，总是力图使墨西哥城的人口、经济活动向墨西哥城以外的地区分散，而墨西哥城地方政府却从税收和扩大就业的角度出发，总是试图建立更多的工厂和企业，从而使墨西哥政府将墨西哥城经济、人口分散化的努力大打折扣。

（三）城市主导产业单一，产业发展缺乏创新型产业集群的带动，将影响城市增长的长期动力

城市主导产业单一，往往会导致城市就业人口结构的单一性，也导致城市经济发展从长期看动力不足。例如，尽管墨西哥城工业部门的结构比较齐全和完善，但产业部门结构集中在少数行业的现象还是比较明显的，墨西哥城的主要产业是化工产品制造、汽车及其设备生产、无线电和电视设备生产、纺织和服装、印刷和出版业、金属、橡胶产品，这些主要的生产部门创造了墨西哥城工业部门总产出的 56.4%。尚未进入后工业化发展阶段而工业结构主导产业单一，又缺乏创新型产业集群的升级带动，使墨西哥城经济社会发展面临许多不利形势：不仅工业年均产值增长低于全国平均水平，国内生产总值增长也低于全国平均水平；公开失业率高于全国平均水平；经济的非正规性增强；多数家庭的经济不稳定性增加。

（四）地价高涨和缺乏房地产市场的有效管理对城市发展带来负面影响

伦敦等世界城市的高地价、高房价使城市的居住和商务成本不断攀升，也使城市基础设施建设、公共空间的保持面临挑战；昂贵的房价使得一些重要岗位的工人没法在伦敦居住，许多制造业消失。

东京在 20 世纪 80 年代则有过房地产市场过快增长、泡沫不断增大、最后破灭的惨痛经历。东京在 80 年代初提出建设"世界城市"的目标，由于当时的日本政府以经济自由主义思想为主导，为加快东京中心区的建设发展，使中心区更具国际大都市的面貌，政府放松了对城市建设项目的管理、规制力度（例如简化了政府审批房地产开发项目的程序、不再对中心区的建筑限定高度等），助长了东京特别是其中心区房地产市场的繁荣，东京的房价不断走高，并随后蔓延到其他的大城市。虽然日本房地产泡沫的形成有多重原因，但在这一时期，日本政府对城市建设采取"放任"的态度，是其中的一个主要原因。中心区房地产的过快发展，也造成了中心区原有社区解体、城市商务与居住成本不断攀升、城市夜间人口空心化、中低收入者购房难等问题。

地价高涨也给墨西哥城的城市发展带来了种种负面影响。墨西哥城无序扩张的原因之一就是房地产市场发展强劲，而政府在土地管理和整治方面的工作不能有效应对城市化过程中的住宅建设问题。住宅缺乏、居住空间的恶化、非法占地和在不适宜的地区建造住宅，使城市发展面临一系列社会经济矛盾。由于缺少对低收入阶层的土地供给，他们被排斥在正规市场之外，被动驱往郊区和发展落后的区域，只能居住在由不负责任的开发商所提供的劣质住房里，这些住宅贫民区缺乏基本的市政、服务设施配套，也缺乏必要的环境治理投入。

地价上涨还导致联邦区缺乏土地用于市政建设，而政府不作为导致缺乏公共资金投入，以满足低收益人群的住宅需要。这些因素导致墨西哥城市中心 4 个区在近 20 年中减少了 11.3 万间住宅。而同期联邦区第一外围区却增加了 29.4 万间住宅，第二和第三外围区则分别增加了 18.4 万间和 1.2 万间住宅。整个墨西哥城约有 19.5% 的住宅拥挤不堪，15% 的住宅是由不牢固的材料建成的。

（五）环境"先污染后治理"，代价高昂

以墨西哥城为例，在城市化过程中漠视自然资源的城市无序扩张，导致环境恶化的严重形势，如空气高度污染、供水和水污染问题、水土流失加快、植被减少等，这些问题已经开始威胁周围提供水源的谷地，同时一部分城市污染开始向周边地区转移。虽然 90 年代以来，墨西哥政府采取一系列措施加大对环境问题的治理，取得了明显的成效，但从各国主要城市的经验看，先污染后治理，不仅难度大，也往往要付出巨大的代价。

（六）全球化加剧了社会分化，贫富分化成为世界城市的共性问题

需要指出的是，全球化同时强化了社会分化，在城市中制造出新的屏障。OECD 国家在过去几十年中，普遍出现了收入差距扩大的问题，而处于全球城市体系最顶端的世界城市往往也是贫富差距最大的地方，这些城市汇聚了巨大的权力，但也造成了城市内部的两极化和弱势群体的边缘化。这往往是各世界城市共同存在的一个矛盾现象：一方面在那些世界经济的指挥部里，聚集着全球最富有者和最有权势者；另一方面在城市的贫民区，低收入人群越来越庞大，政治上被边缘化的移民、少数民族越来越多。从就业结构来看，一端是从事管理和商业服务的高技术、高薪人员，另一端是为专业人士提供服务的低技术、低收入人员，两者收入悬殊。收入不平等在妇女和年轻人这两个人口群体中更为显著。两极分化是世界城市

发展中存在的共性问题,我们要引以为戒。

(七) 城市发展空间差距加大,引发社会经济问题

纽约等城市在向世界城市演化的过程中也出现了空间发展不平衡、贫富分化的问题,例如,处于城市中心的曼哈顿人口结构的白人化、中上层化和高知识化趋势十分明显,人均收入也远高于其他四城区。1980年,曼哈顿人均GDP为10863美元,是布朗克斯4502美元或布鲁克林5779美元的2倍左右,住宅、服务设施高档化现象十分突出。

城市不同区域发展不平衡问题也同样困扰着伦敦。东西部地区空间利用失衡,贫穷、失业、住房条件极差等问题在伦敦东部尤为突出,而在西部地区则产生了地价昂贵、工人短缺等问题。

巴黎的情况是:西部巴黎如第一区、第八区、第十六区等,在其整洁和幽静的街道两旁,耸立着高档的公寓或宅院;而东部巴黎如第十三区、第十八区、第二十区等,街道肮脏,房屋破旧。

此外,在大都市中心区的边缘,往往形成穷人集聚的区域,原因是这些中心区虽主要围绕其中心管理功能发展高端产业,但也需要一些低端的服务业与之相配套(如仓储、送货、维修、包装,以及健康服务、社会服务等),从而创造了一些低工资的就业岗位,进而形成了穷人居住在市中心边缘而富人更倾向于居住在郊区的特殊人口空间结构。

三 主要政策经验

(一) 城市化带动城镇一体化、农村城市化:纽约的经验

20世纪60~70年代,纽约城市发展进入城市商业功能和产业功能郊区化的阶段,即在纽约郊区城镇建立大型购物中心等商业网点

及将工厂企业搬到郊区。纽约市郊区城镇建立起了许多大型购物中心，人们不必再为购买生活用品而往返于纽约市中心商业区。自 70 年代开始，郊区城镇与市中心之间的土地差价也使许多企业纷纷向郊区城镇迁移，新兴产业在纽约郊区城镇兴起，大规模的工业园和商业服务网点落户郊区，具有完善城市功能的中心区域在纽约郊区城镇逐步形成。这一变化给纽约郊区创造了大量就业机会，原来往返于市区与郊区之间的工作生活方式大为改变，郊区城镇成为许多中产阶级人士主要的生活工作空间。由于人口大规模迁往郊区城镇，纽约市区人口出现负增长。产业功能郊区化使纽约的城市中心功能发生了引人注目的变化。

可以说，纽约市先是实施城市化，然后再由城市化向城郊化过渡，这可以说代表着美国城镇化发展的趋势。如今，美国已经发展成为一个高度城镇化的国家，基本达到城镇一体化、农村城市化。美国的大城市带是大量小城镇的集合，而不是靠无限扩张中心城市区域来实现城市规模扩大。

纽约能够较为成功地从城市化向城郊化过渡，在一定程度上得益于政府相关政策的支持。一是美国政府推行大规模援助公路建设的政策，公路网，尤其是中高速公路网对美国城市化向城郊化过渡起到了极为重要的促进作用。二是美国政府长期以来实施有利于郊区发展的住宅政策。1968 年，美国国会通过《新城市开发法》。60 年代以后，美国又实行示范城市试验计划，实现分散型城市化。

（二）消除"单极集中"模式的弊端，增强大都市与周边地区的区域合作

为解决大都市"单极集中"模式的弊端，美国政府在新规划中强调增强城市所在地区的"地区竞争力"。例如，1996 年，开始实施美国东北部大西洋沿岸城市带的规划，重新确立了"拯救处于危险之中的纽约都市圈"的全新理念：一是体现了在经济全球化的广

阔视野中增强地区竞争力的要求，二是阐明了纽约与新泽西州和康涅狄格州共同繁荣的重要性，三是提出了"再连接、再中心化"的总体思路。

为解决人口和经济活动在大城市过度集中和地区发展不平衡的问题，墨西哥政府也实施了"分散化"的城市发展战略，为此制定了"重新规划全国经济布局方案"，规定凡是在墨西哥城、蒙特雷和瓜达拉哈拉三大城市以外的地区开办企业，都可以得到政府的补贴，享受政府的优惠政策。随后，又通过"生产联盟"计划，建立新的工业园区，引导企业向中等城市转移，以实现全国生产活动的重新配置。

（三）建立创新型工业和现代服务业的产业集群，使城市核心竞争力长盛不衰

进入后工业化后，世界城市普遍进入服务型经济和知识经济时代，创新型产业集群和现代服务业集群的建立就成为不断保持、提升城市全球竞争力的关键。以东京为例，东京的每个区并不是在城市的每个功能上都居于主导地位，它们的主导地位分别集中于某些行业，即金融、批发、信息相关产业和专业服务产业，从而使东京的现代服务业集群呈现多样化、多层次、网络化的结构特征。此外，东京还建立起了创新型、创意型产业集群以及科技研发产业集群。20世纪60年代以来，东京的很多传统制造企业纷纷迁到国外或横滨一带。在工业转移的背景下，东京出现了一批创新型的中小企业。同时，东京集中了日本17%的高等院校和27%的大学生，还拥有占全国1/3的研究和文化机构。因此，东京吸引着大量的科研机构在此聚集，尤其是那些与首都活动和产品研发关系密切的科学、工程研究部门。

（四）强调城市发展的均衡性、城市经济体系的多样化

为使城市各区域间更均衡的发展（包括市郊与市区中心的再

平衡、巴黎东部和西部的再平衡），巴黎在城市规划中开始强调避免职业和行业过分集中的倾向，特别是第三产业过分集中在中心区而远离市郊的倾向，从而保持土地使用的多样化，防止单一功能的集中。

为解决巴黎经济增速趋缓的问题，巴黎在城市化规划中也修改经济活动的分类目录，以促进巴黎都市经济体系的多样化。

纽约市政府也认识到保持经济增长可持续性的一个重要因素就是经济体系的多样化，为改变纽约经济过分依赖曼哈顿和金融业的现状，强调要发展纽约在其他领域的独到之处，加强旅游、教育、通信、生命科学和文化业等方面的优势，通过强化这些财富，为纽约创造更多的不同领域的就业机会。

（五）优化城市空间布局，实现内空间再造，建设"紧凑型"城市

在发达国家的大城市中，建立紧凑型城市、竖向发展、综合性功能开发等原则已得到广泛认同。例如，在进入城市化后期，以及后工业化的发展阶段后，大伦敦战略规划更加强调人口和经济的增长要控制在现有城市建成区范围内，建成区规模不再扩大，即城市的空间发展将是以竖向为主、增加开发强度、对土地进行再开发等，使伦敦成为紧凑型城市——能够更加有效地利用土地、能源、交通设施、水源、建筑材料等资源，从而更符合可持续发展原则。在此战略规划指导下，大伦敦将形成有机疏散、紧凑型、多中心、多组团的城市空间结构。

东京在第二次长期规划中，也强调了城市空间的优化重组，提出要有规划地发展中心区，并发展多个充满个性的副中心，将中心区的有些职能向副中心以及郊区分散，重点突出中心区发挥全球性职能的地位，例如，将地区性的管理职能挪到次中心地区、将高科技研发部门转移到城市近郊等等。为解决中心区夜间人口空心化问

题，东京市采取了利用外迁工厂建立民宅和富有历史文化气息的步行街等措施，从而建立起良好的社会生活圈，促进居住人口回升，使中心区业务职能与居住职能并存。

（六）在城市建设中考虑中低收入者的需要，加大政府对廉租房的投入

如何解决流动人口和无家可归者的居住问题是城市发展中一个不容忽视的问题。在城市建设和更新的过程中，往往需要拆除一大批质量低、租金也低的住房，其目的当然是消除质量低劣的住房，然而也不可避免地造成廉租房供应的缩减。与永久居民和企业相比，流动人口和无家可归者在政治上处于弱势地位。纽约规划当局在设计住房政策时，十分谨慎地注意不使低价位的住房供应枯竭，并通过更为灵活的分区方法促使低价位的住房数量扩大，市政府还提倡兴建集体住房或者其他形式的合伙共用住房。

为解决城市发展造成的高房价问题以及与此相关的中低收入者住房难的问题，巴黎政府加强了对廉租房供给的投入，政府将增加并合理分布由政府补贴的低租金住房。《城市化复兴法》规定了低租金住房比重要达到20%的目标。

（七）鼓励市民参与，消除城市对任何社会群体的"排斥"，打造"和谐都市"

伦敦在其战略规划中反复强调的一个概念是"社会公正性"，在伦敦战略规划中具体体现在它处处考虑人的需求，尤其是穷人的需求。例如，伦敦战略规划提出了一个解决低收入家庭购买住房的办法：开发商新建住房中，必须有50%低价出售，面向城市的穷人，否则，伦敦规划委员会不会批准建设规划。伦敦战略规划还分析了伦敦长期以来的人口变化趋势，分析了外来移民的家庭结构、年龄结构，从而能够为不同的外来移民提供符合其各自

文化传统的设施。

在 20 世纪 60 年代之前，纽约对修建摩天大楼很少加以限制，只要有钱有地皮就能建造。随着人们环保意识的增强，政府开始对兴建摩天大楼制定各种法规，主要是在环境与安全方面提出要求。同时，除了政府审查之外，在纽约建楼一个必不可少的程序是需要征求本社区居民的意见，只有在征得本社区居民同意之后，政府才会批准。

四　结论和主要启示

（1）伴随着北京城市发展向后工业化阶段加速迈进，北京的产业结构、消费需求、社会结构都将会发生重大变化。"十二五"期间，北京的人均 GDP 将达到 1 万美元，这意味着北京从世界中等收入水平迈进世界高收入组，北京开始向后工业化阶段加速迈进，北京的产业结构、消费需求、社会结构都将会发生重大变化。现代服务业、创新型产业将成为北京产业增长的主要拉动力。随着现代服务业的发展，其所需要的高级蓝领和白领工作人员将会越来越多，就业结构将发展明显变化。随着居民收入水平的提高、中产阶级的壮大，消费对经济增长的拉动作用将明显增强；同时，消费结构升级加快，以发展为主题、以满足人的更高需求为导向的新型消费将会明显增长。北京的经济增长模式将从以"产业－投资拉动型"为主向以"服务－消费拉动型"为主转变。伴随着这一趋势，北京与纽约、东京的城市功能与作用将出现"趋同"之势，即北京正加速从国内大都市向国际大都市转型。

（2）与国外城市相关时期相比，北京未来城市发展所面临的内外部环境更为复杂、独特。同时，需要指出的是，"十二五"期间，我国还没有完成工业化进程，城市化也刚刚进入加速发展的阶段。北京的经济和城市化水平虽然高于全国的平均水平，但还没有超越这一发展阶段。与国外有关经济体相比，北京的城乡差别、与周边地区之间的发展不均衡性更为明显。此外，与西方国家工业化和城市化进程基本同步相比，北京具有城市化处于初期快速发展阶段、产业结构则已开始向后工业化演进的独特特点和问题。应该说，虽然北京在"十二五"期间人均 GDP 将达到 1 万美元，但综合来看，在许多方面与发达国家的城市同一时期相比仍有较大差距，特别是在要素市场的市场化与国际化、公共服务水平、城乡统筹、城市生态环境等方面，仍有一定的差距，有许多问题尚待解决。

（3）北京应明确自己在世界城市体系中的定位，依此谋划城市发展的中长期目标、发展方向与路径。伴随我国经济地位的持续提升，北京在全球经济网络中的地位必将不断提升，从中长期看，北京也具有建设成为一流的世界城市的潜力与条件。因此，北京在规划城市未来时，应更加具有"放眼全球"的视野，明确自己在世界城市体系中的定位，应以建设高层级的世界城市、创新型城市、国际型的宜居城市为目标。与较高层级的世界城市伦敦、纽约、东京、首尔相比，北京在人均 GDP（美元）、第三产业增加值比重（%）、500 家跨国公司总部数（家）、空港年人流量（万人次）等方面都有一定差距。有了中长期的目标定位之后，北京应更明确地规划未来的发展方向与发展路径，提高城市能级，缩小与世界顶级城市的差距，增强在世界城市体系中的影响力，充分借鉴国外大城市在发展过程中的成功经验与有关教训，发挥后发优势。借鉴国外经验，北京未来发展的重点应在提升产业层次上，特别是发展现代服务业和创新型产业，使北京未来的经济发展具有新的强有力的产业引擎。同时，还应进一步重视投资软环境的提升，为国内外投资者和专业人才提供更加适宜的生活环境、城市生态环境，提供良好的制度创新与技术创新空间。

（4）应借鉴国外大城市治理"城市病"的有关经验，重视城乡统筹，从"单一集聚"转向"多极互补"的城市发展格局。东京、伦敦等国外城市的发展经验提示我们，解决首都的城市化问题是一项系统工程，不是单纯某一个城市的问题，需要中央政府、首都政府以及邻近地区政府等的密切合作。要根据城市化不同阶段适时调整城市结构，首都过于复杂的功能必须疏解，应寻求宏观区域上的分散布局。在后工业化时期，金融商务等第三产业功能的集中发展同样会强化城市中心的集聚，应注意综合疏解中心城市的各项功能，培育多中心结构，形成合理分工的城市群布局。

北京应借鉴东京等国外有关城市在治理"大城市病"上的有关经验：一是加强城乡统筹，重视落后地区的发展，以减少农村人口、落后地区人口向大城市的集聚，避免拉美城市发展的"陷阱"；二是采取"多极化"城市发展格局的战略，培育多个功能互补的副中心增长极，使副中心城市产生功能疏解作用；三是将城市发展与国家区域发展战略结合起来（如法国为控制巴黎地区人口的膨胀，在全国范围内确定 8 个平衡性大城市来促进人口的合理流动和全国经济的均衡发展），从而有效控制首都城市人口与规模的过度膨胀以及由此带来的一系列发展弊端与问题。

（5）借鉴后工业化城市"精明增长"的发展理念，建设"生态北京、和谐北京"。国外城市在进入后工业化后提出的"精明增长"的城市发展理念也十分值得我们学习借鉴，即应注重城市经济功能以外的多功能综合协调发展，防止出现单纯追求经济发展，忽视社会、环境等其他方面的倾向；建设紧凑型城市，更有效地利用土地、能源、交通设施、水源、建筑材料等资源，从而更符合可持续发展原则；要使城市的发展切实造福于城市中居住的每一个人，使城市发展不脱离建设"和谐社会"的轨道。

（6）建立国际化宜居环境、良好的制度创新空间，不断提升北京在世界城市体系中的吸引力。考察主要世界城市的共同特征，可以发现：一个充满活力的世界城市应拥有世界级的良好基础设施，能够为本国企业和国际企业提供充足的跨国经济活动的空间，具有强劲的财富集聚能力和创造能力，同时具备国际化的人文与社会环境，能够满足国际化人才、各类专业与管理人才的就业与收入需求及其对高生活质量的要求。此外，具有良好的制度创新与技术创新的氛围，也是世界城市保持、提升其城市竞争力的重要因素。例如，伦敦作为全球金融中心、航运中心和资讯中心，主要就是依靠诸如金融创新、信息技术创新、规则创新以及同产业相关的全球标准来维持其行业领先者地位的。我们应借鉴世界城市发展的这些有益经验，通过不断完善北京的居住与创业环境，提升北京作为世界城市的吸引力。

（7）对世界城市发展中出现的主导产业单一、城市成本上升过快、规模膨胀、房价高企、两极分化等问题，应予以高度重视与防范。应尽量吸取世界城市在发展中产生的一些经验教训，如：纽约的主导产业过于单一；伦敦的过度吸引外资，导致城市生活成本、劳务成本过高；东京在其发展过程中一度城市功能过多、规模过大，导致后来的治理成本巨大；墨西哥城在发展中出现的中低收入者住房状况恶化等。同时，应采取有效的社会政策、收入分配调节政策，避免全球化、后工业化进程中社会分化的加剧而导致城市不安定因素增大。

附录　美国养老社区调研报告

一　考察团调研的目的

未来20年，我国将面临人口结构老龄化日益加重的严峻挑战，到2030年全国老年人口规模将会翻一番。伴随老龄化进程加快，越来越多空巢老人出现，我国目前以居家养老为主的养老模式，将难以适应未来老年人口不断增长的养老需要，探索社会化、多元化的新型养老模式，已刻不容缓。从发达国家的经验看，以养老社区为载体，调动政府、市场、第三方等社会各界的力量，构建社会化的养老服务体系，是能够让老年人真正实现"老有所居、老有所养、老有所乐、老有所得"的有效途径。而实际上，社区养老服务体系的建设又是一项复杂的，涉及全社会方方面面的，需要形成恰当分工、融合的系统工程。然而，我国在这一方面的探索实践仍处于起步阶段，缺乏社会各方的有效整合，政府与市场对于这一社区养老新模式的认识，也都有待深入、细化。特别是政府部门，更是有待尽早形成前瞻性、整体性的战略与规划思路。总结美国养老社区的开发策略、运营模式、发展趋势及相关政策经验，对我国未来养老社区的发展颇具借鉴意义，为此，中国投资学会特组织了这次以"美国养老社区发展及相关政策经验"为主题的赴美考察活动。

二 考察团调研的行程安排

2015 年 4 月 19 日至 5 月 3 日,中国投资协会课题组赴美考察团一行 11 人在考察团团长、中深康寿公司董事长程京献先生的带领下,就美国养老社区的发展状况,在美进行了为期 15 天的考察访问活动。考察团行程遍及美国东南部、东北部及西部地区的多个城市,包括坦帕、华盛顿、费城、普林斯顿、纽约、拉斯维加斯、洛杉矶等,走访了各地有代表性的养老社区、护理中心及老年公寓。此外,考察团还安排了两次重要的公务访问活动:一是在坦帕拜访了美国的养老地产开发机构——Ryan 公司,与该公司医疗开发部的副总 Connor T. Lewis 先生就美国养老地产的发展经验进行了座谈、讨论;二是走访美国的顶级设计师事务所——Gensler,与其公司高层进行了面对面的交流,全面了解了美国地产设计界对养老社区开发的设计规划理念。以下是考察团此次对美考察了解到的主要情况及相关经验的总结。

三 美国养老社区的基本情况

美国是较早进入老龄化社会的国家之一,到 2010 年大于 65 岁的老年人口已经达到总人口的 13%。美国老年社区经过几十年的发展,已进入较为成熟的发展阶段,老年养老社区开发量约有 10% 的年增长率,其中独立居住社区是近年来增长最快的部分。

一般而言,养老社区是指配备有各种老年生活服务设施的老年住宅区。美国的养老社区类型各异、规模不一,分散在美国各地,在美国的养老服务体系中,占有重要的地位。从总体上看,美国养老社区大体可分为如下几类(见图 1)。

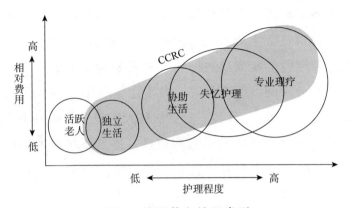

图 1　美国养老社区类型

（1）独立居住社区。独立居住社区主要吸引低年龄段、具有生活自理能力的老年人，即 55 岁以上的活跃长者，又被称为"活力养老社区"。考察团走访的第一站——坦帕太阳城中心就属于这样的一个老年社区。选择居住在独立居住社区的老年人身体健康，很少或基本不需要其他帮助，因此希望住在一个有很多社交与娱乐活动场所的社区环境中，同时能够保持自己独立的生活习惯。这种社区一般面积较大，由地产商开发建设并销售给老年人居住的独栋房子、联排公寓或别墅构成，同时社区配套建设有俱乐部、游泳池、图书馆、高尔夫球场、网球场、饭馆、礼堂等设施，为社区老年人提供了包括高尔夫、网球、游泳、划船、各种教育课程、艺术、手工、演出在内的丰富多彩的社区活动。

有关研究显示，居住在这样的老年社区的美国老年人比未选择入住老年社区的其他老年人，平均寿命要长近 10 岁。这种社区之所以深受美国老年人的欢迎，主要是社区鼓励低年龄段的老年人尽量保持最大限度的生活独立性，并在所居住的社区参与各类自己所喜爱的社区活动，让老年人继续体验自我价值的发挥、实现，从而能够保持其身心的健康与活力。

（2）协助居住社区。协助居住是介于独立居住和护理居住两者间的一种老年人社区照顾方式。随着老年人年龄增大和处理能力下降，部分老年人将从独立居住社区搬入协助居住社区，这类社区适合那些需要提供日常生活帮助，同时又希望能继续独立居住而不需要持续医疗照顾的老年人。协助居住社区所提供的服务内容包括就餐、洗衣、清理房间、医药管理、日常生活帮助（洗澡、进食、穿衣、行走、上厕所等）。有别于独立居住社区将房子销售给入住的老年人，协助居住社区只提供房屋的租赁，这主要是因为协助居住社区会在老年人的住房中配置一些有助于老年人康复治疗且可重复使用的专业设施、设备。

（3）护理居住社区。当老年人在协助居住社区不能满足其因身体状况变化而需要的特殊护理时，需要搬入护理居住社区。护理居住也称为"特别协助居住"。这类社区的例子包括专业护理中心、康复院等，主要是为需要持续医疗康复护理、明显丧失日常生活能力的老年人提供居住及相关服务。如果老年人需要 24 小时护理照料，处在疾病康复期，或没有轮椅、助行器的帮助就不能行走，或到了阿尔茨海默症的晚期，选择护理居住社区是合适的。它是为需要照料的老人提供 24 小时护理服务的社区。由于护理居住社区受美国联邦、州政府的规定监管，护理居住社区必须满足美国联邦、各州政府的相关标准，例如在人员配置方面规定必须有专业的管理人员、注册护士、心理医生、护工和其他人员等。

（4）持续照顾退休社区。为了便于老年人随着身体健康程度的变化而选择所需的物业类型与相关服务，美国也逐渐形成了一种新的社区养老模式——"持续照顾退休社区"。它是将独立居住、协助居住、护理居住及各类公共设施集中在一个社区空间内，从而当老年人需要增加服务项目时，不必再来回搬迁。

四　几个主要养老社区的情况

在本次考察调研中，以下几个养老社区、老年公寓或护理院，以其优质的社区环境及服务质量，给考察团成员留下了尤其深刻、难忘的印象。

（一）坦帕太阳城中心——美国活力养老社区的典型代表

坦帕太阳城中心坐落于佛罗里达西海岸，位于坦帕和萨拉苏达之间，距佛罗里达最好的墨西哥海湾海滩只有几分钟的路程，是佛罗里达乃至全美最好的老年社区，其规模接近一个微型城市，共有10500个住宅单元，大多数是独栋住宅，也有双户公寓、联排别墅和多家庭公寓，入住了来自全美及世界各地的住户1.6万户。整个社区功能分区明确：共六大居住社区，每个社区都共享一个邮局、超市、医疗机构、银行和教堂。

坦帕太阳城中心在很多方面都给我们留下了深刻的印象。

一是社区管理与运行的自治性。社区的日常管理机构是由业主自主选举出来的社区委员会，许多日常服务岗位也是由社区中的老年人来志愿承担的。这在制度上增强了老年人的社区归属感，能够让社区的运作最大限度地满足老年业主的需求，同时也便于降低社区的运行成本，降低社区成员的物业费用支出（在太阳城中心每人每年享用综合会所的费用仅为140美元）。

二是打造纯老年社区。社区对入住者的年龄有着明确要求：居民必须在55岁以上，18岁以下的亲属陪同居住一年不能超过30天。

三是将"高尔夫爱好者的天堂"作为社区的一个重要定位。特色鲜明的社区定位，有助于吸引老年人找到共同爱好者，从而增强"人以类聚"的"人气"集聚效果。社区内拥有多个高尔夫球场，交纳入会费后，社区居民可享受18洞高尔夫球场，每年年费约为1500美元。同时，太阳城中心也是世界闻名的Ben Sutton高尔夫学校的本部。老年人白天可以在社区宽阔的棕榈树街道上驾驶高尔夫车，而大多数购物场所也有专门为高尔夫车提供的停车场。约1/3的社区居民是活跃的高尔夫球爱好者。

四是健康、休闲、娱乐设施相当完备。社区内室内外游泳池、网球场、保龄球场、舞厅、棋牌室、推圆盘游戏场、健身房、可举办派对的会议室、剧场等，在社区内应有尽有。

五是提供了丰富多彩的俱乐部活动。各种业主自发组织的俱乐部活动超过 80 种，如业余无线电、缝纫、卡片收藏、计算机、绘画、舞蹈、音乐、瑜伽、木工等。这可以帮助老年人完成年轻时未竟的理想，投身于一项自己热衷的爱好，享受精神生活充实的晚年。

（二）Villages——美国养老城镇的代表性案例

在坦帕拜访 Ryan 公司时，Connor T. Lewis 先生向我们推荐了同在佛罗里达中部、离坦帕约 93 英里的 Villages 社区，该社区是美国为数不多的养老城镇，共有 2.5 万户住户。整个城镇由三个大的居住社区构成，每个社区配有一个商业小镇。在 Villages，我们所见到的老年住宅，基本上是环绕高尔夫球场建造的一层独立洋房，整个社区环境优美，到处都是高尔夫绿地，也建有多个人工湖、水景公园。总体上来说，Villages 十分适合喜欢乡村环境、热爱健身的老年人前来居住。每周社区娱乐部门都会举办各种社交文娱活动。在 Villages 居住的老年人每月只需支付 145 美元，就可免费使用全部这些设施并参加相关的活动。除购房费用外，在此生活的居住成本（包括水、电、气、保险、各种税费等）平均每月在 1039 美元左右——这对美国大多数退休的中产阶级来说，应该并不算高。Villages 还面向老年人推出了 4~7 天的短期度假项目，每晚平均费用约为 175 美元，对那些还并未打算搬进社区定居的老年人来说，这为他们提供了一个"试住"的机会，可以借此来小镇中暂住一段时间，感受一下社区的居住环境与氛围。Villages 作为一个养老地产项目，对于老年人的吸引力，还在于其地理位置十分优越——距奥兰多仅 55 英里，距附近的海洋世界仅 59 英里，而离附近的 Daytona 海滩约 77 英里，离迈阿密约 281 英里。

（三）Princeton Windrows 社区——东北部的学院养老式社区

Princeton Windrows 社区位于美国著名高校学府普林斯顿大学附近，离大学仅 3 英里，离纽约与费城均为 45 英里的距离，是一座典型的学院养老式社区。依托普林斯顿大学丰富的人文教育资源，以及自身完善的文化娱乐、健身康体设施，Princeton Windrows 为社区的老年人提供了享受丰富多彩退休生活的机会。社区周边环境优越，附近有普林斯顿大学、普林斯顿乡村俱乐部、普林斯顿艺术博物馆、普林斯顿交响乐团、Delaware & Raritan Canal 国家公园、Carnegie 湖等人文与自然景观资源。社区自身具备的设施也十分完善，拥有健身房、室内泳池、SPA 馆、花园、艺术中心、图书馆、计算机中心、医疗保健中心、棋牌室、游戏室、酒吧、美容美发沙龙、便利店等多种服务设施。社区还为老年住户提供高质量、细致周到的酒店式服务，包括自助餐、每周一次的房间清理、用车服务、商务中心与 24 小时安全监控等。社区医疗保健中心拥有由注册护士（每天都有人值班）、内外科医生、心理医生、按摩理疗师等组成的专业队伍，拥有 24 小时紧急呼叫应对系统，提供定期的体检服务，同时还举办太极、瑜伽、健身、水疗、养生讲座等相关活动。社区为老年人提供了公寓、联排与独栋别墅三种户型，可供老年人依据自己的情况来购买。最小户型的公寓（一个卧室，约 620 平方英尺）售价为 99900 美元，每月需支付的全部费用为 1520 美元。

（四）Sun Towers 社区——持续照顾退休老人社区的一个范例

Sun Towers 社区位于太阳城中心附近，距坦帕 28 英里，毗邻 South Bay 医院。社区针对不同年龄段不同需求的老年人分别提供独立居住（independent living）、协助居住（assisted living）、全面照顾（extended congregate care）、记忆护理（memory care）、专业医疗护理（skilled nursing care）五种居住与服务类型。公寓及配套设施均按照适宜老年人居住的要求来进行设计，如安装烟雾报警系统、浴室有安全扶手、强调隔音性、配备热水泳池、提供 SPA 服务等。根据不同的居住条件及设施配套，独立居住每套公寓，每个人入住的费用从 1580 美元一个月到 2591 美元一个月不等；增加第二人，再加 500美元的费用。同样地，协助居住每套公寓的费用，从 2718 美元一个月到 3774 美元一个月不等；增加第二人，如不需要协助服务，再加500 美元，如需要协助服务，则再加 750 美元。全面照顾居住每套公寓的费用，从 3518 美元一个月到 4333 美元一个月不等；增加第二人的费用标准与协助居住公寓相同。而记忆护理公寓的每月费用，也在 4000 美元左右。此外，社区提供了供亲属探望的公寓住房，每晚费用为 70～85 美元。作为拥有医疗部门授予五星级认证资质的持续照顾退休老人社区，Sun Towers 拥有能够为各种老年常见病提供康复护理服务的专业队伍，可以为社区及周边的患病长者提供优质服务，从而使其能尽快恢复到独立居住的状态。

（五）La Floresta 社区——整合养老地产与其他地产板块的综合社区

La Floresta 社区位于美国加利福尼亚州南部的橙县域内，离洛杉矶不远，是考察团一路走访的唯一一个混合各年龄段住户的大型综合社区。整个社区由 15 个功能板块构成，其中有 5 个老年居住板块——其中 4 个是活力社区，1 个是独立居住＋护理居住社区，此外还有 7 个没有年龄限制的居住板块。社区配有购物中心、游泳俱乐部、餐饮美食中心、娱乐中心等服务设施。在各功能板块之间，有绿树成荫、四通八达的绿荫道，可以供居民散步、慢跑或骑车，享受空气清新的自然环境。社区周边还有丰富的优质教育资源（如Olinda 小学等），因此吸引了橙县周边的老年夫妇、中年人的几口之家及单身的年轻人前来购房居住，形成了一个各年龄段人口群体"有合有分""和睦相处"的综合社区。

（六）Cherry Hill 护理院——东北部的高端协助居住社区

Cherry Hill 护理院位于新泽西州，是美国颇具代表性的护理居住老年社区。社区周边自然环境优越，有森林、花园相围绕。社区以"让老年人安享充满乐趣、优雅舒适的晚年生活"为服务理念，为老年住户提供包括日常护理、饮食照料、房间打扫、健身项目、社交娱乐、健康监测、叫车服务、24 小时安全监控乃至宗教服务在内的全方位满足老年人需要的协助关怀。由于 Cherry Hill 护理院属于"五星级"的高端老年社区，总体居住成本较高，比较适合退休的"上中产"老年人来居住。老年住户入住护理院，需一次性交付3300 美元的社区物业费，此外再根据户型的大小，每月交付一笔综合服务费——对于 340 平方英尺的户型，每月需交 4809 美元，而对于 540 平方英尺的户型，每月需交 5709 美元。对于只想短期逗留的老年人，护理院也提供了短期护理居住项目，费用大约是每天 174美元的房租，再加 20～50 美元的综合服务费。

五　对美国养老社区发展的总体认识与观感

通过走访上述这些不同地域、不同形态的美国养老社区，我们对美国养老社区的总体发展，获得了全景式的了解。总的来说，我们认为美国在养老社区发展方面呈现的以下特征，尤其需要我们加以关注、学习与借鉴。

一是美国的养老社区服务体系已趋于成熟、完善。美国经过几十年的市场发展，已形成了一个多样化的、由不同住宅服务类型构成的老年住房与服务供给系统；也就是说，美国老年住宅的市场体系已趋于成熟、完备，有不同的住宅产品可供健康状况、生活需求不同的老年人选择。这样，每一种老年住宅都有较强的针对性，同时，这些不同住宅形态之间也形成了相互补充的关系，从而共同构建了一个全国性的养老住宅与养老服务体系。

二是环境好、规模大的美国养老社区一般都坐落于大城市的郊外。这主要是郊区的土地便宜，且空气清新、自然环境好；同时，美国是汽车轮子上的国家，老年人都拥有并能驾驶汽车，老年人与子女交往极为方便，老年社区大都离大城市不远，可以方便老年人在需要时进城。郊区的土地成本低，从而让开发商能够成规模地开发低密度住宅，并以较低成本提供大量配套服务设施，从而改善了社区的综合居住环境。此外，伴随老年人年龄的增长，老年住宅的类型将越来越倾向于与医疗功能的融合。因此，好的社区在选址时，往往会考虑周边要有好的医疗系统资源做支撑，例如坦帕太阳城中心，就离佛罗里达大学医学院不远。

三是美国的养老社区多以低密度社区为主。从我们参观的一些养老社区看，大多是单层的独立洋房和少量联排别墅，尤其是活力型社区，基本上是独立的单层住房，并配有车库或停车区域，社区密度很低，这应该与美国人均可利用的土地资源丰富密切相关。

四是美国的养老社区往往软硬件兼优，且价格相对合理。无论是活力养老社区、护理中心，还是持续照顾退休老人社区，美国的养老社区都具有较为完善的软硬件条件，且相对于其综合品质而言，价格并不算贵。特别是在管理软件环境方面，其充分体现人性化的设计理念与区别对待的人文关怀模式，尤其值得我们学习、借鉴。当然，这在很大程度上得益于美国养老住宅市场的不断发育成熟，因为，市场的充分竞争必然带来质量的提升与价格的趋于合理。从结果看，大多数老年住宅的售价低于普通住宅。价格合理，意味着大多数中产阶级退休老人都有自己支付得起的住宅产品可供选择，从而增强了养老住宅产品对于老年人口的可及性。

五是美国养老市场已呈现专业化、品牌化、专营化运作的特征。美国养老住宅市场已基本进入相对成熟的发展阶段，市场上出现一批品牌开发商和专业养老运营机构——大多体现为全国连锁经营，并在市场上占有较大份额。从经济学规律看，品牌化、专业化、专营化运作，促进了市场的进一步细分、完善，具有降低成本、提高供给效率的经济规模优势，是市场发育成熟的一个表现。比如说，埃里克松退休社区开发公司主要开发低价位的、面向中产阶级的老年住宅；而 Brookdale 公司主要开发迎合高消费阶层的老年公寓，位于曼哈顿下城区巴特利公园的豪华退休社区 Hallmark 就是该公司开发的。

六是养老社区的建设反而为美国城市增添了活力。养老社区的开发，将老年人所需的各种社会服务功能整合在一个空间区域内，让老年人在获取相关服务中，节省了很大的时间精力，也从总体上节约了社会成本（如交通成本等），这实际上是属于一种城市系统的优化，让城市环境更增添了温馨与活力。

七是养老社区开发离不开相关产业的多业态融合。养老社区的发展同时带动了医疗、金融保险、建筑设计、护理人员培训等相关产业的发展，为年轻人创造了相当多的就业机会。美国老年社区在市场上拥有较强生命力，与其他相关行业的相互融合、共同发展密不可分。

六　美国养老社区得以蓬勃发展的宏观支持因素

总体而言，美国养老社区的发展历程，经历了"政府主导""政府与市场合作""市场主导"这三个发展阶段。目前，美国养老社区的建设与运营，已呈现高度社会化、市场化的特征。应该说，美国养老社区近几十年来之所以得到蓬勃发展，除了人口老龄化产生了巨大的需求，美国各类养老服务机构同时适应了这一新需求而在市场机制的作用下"各显其能"外，还有许多宏观外部因素支撑并促成了这一养老市场的繁荣。概括地讲，这些宏观支持因素包括以下一些。

一是政府的立法保障与政策扶持营造出了适宜的发展空间。美国在1956年的《住房法》中首次提出帮助60岁以上老人取得由住房管理局担保的抵押贷款。1959年的《综合住房法案》则将老年人住宅问题单列议题，规定向老年人住房项目直接提供资金补助。1961年通过的《老年人住房法》规定为老年人住房直接提供低息贷款。此后，《老年人法》等一系列专门法案也相继出台。1965年签署的《医疗照顾和援助法案》开始实行医疗补助制度，这促使了更多的私营养老机构出现，令养老住宅所需的配套护理与医疗服务也得以蓬勃发展。总之，美国养老社区能够发展到今天这样的成熟阶段，离不开政府在此过程中给予的政策、资金上的引导与扶持。

二是健全的养老金与医疗保险制度构筑了稳定的金融支撑体系。在美国，养老金是人们养老的主要支付来源。美国现有的养老金计划分为三大板块，分别为雇主养老金计划、政府强制性养老金计划和个人储蓄养老金计划。这三大板块的格局并不是一开始就形成的，而是最先有雇主养老金计划，然后才出现政府强制性养老金计划，而个人储蓄养老金计划作为补充，是最后才出现的。此外，美国健全的医疗保障体系也从提高老年人支付能力的角度，为护理型、特护型老年社区的发展提供了有利的支持条件。在美国老年人全部医疗保健支出中，医疗保险（包括住院医疗保险和补充性医疗保险）约占44%，医疗补贴约占12%，而个人自负和私人保险公司支付合起来仅占44%。

三是"倒按揭"的金融创新进一步增加了老年人用于养老的资金渠道。"倒按揭"是"以房养老"的一种新型养老金融工具，指的是老人可以将自己的产权房抵押给银行、保险公司等金融机构，定期获得一定数额的养老资金，直到房主去世后，该房产出售用于归还贷款。20世纪末，美国不同的州开始尝试这种"反式房产抵押贷款"，取得了一定的成熟经验后，美国议会在2005年通过了赞成法案，由住房及城市发展部具体负责制定实施细则并进行审批和管理。如今"倒按揭"在美国已日趋普遍，其主要贷款对象是 62 岁以上的老年人。

七　对中美间不同点的认识

如上所述，美国养老社区呈现蓬勃发展的态势，是有着多方面的宏观因素与促成条件的。对美国养老社区的发展面貌，我们既要"知其然"，也要"知其所以然"。为此，我们有必要进一步清楚地分析一下在发展养老社区的社会环境方面，中、美国情间存在的一些明显不同点。

一是发展阶段上的不同。美国经济长期持续发展所带来的全社会财富增加，为老年住宅需求的满足提供了强有力的财力保障。不仅政府部门税金充足，企业也有财力参与员工退休金计划，人口结构中大部分家庭也步入了中产阶层的收入水平，拥有丰厚的退休金。因此，养老住宅市场的投资者与消费者都具有足够的财力，来共同创造养老需求的繁荣，美国养老社区建设自 20 世纪 60 年代起越来越走向兴盛。相比而言，我国的社会经济发展水平、中产阶级人口规模、老年人的储蓄水平与美国相比，都有着明显差距，从而影响我国养老社区产业的市场发育与整体水平的提高。

二是文化背景上的不同。美国老年人没有中国传统中"养儿防老"的观念，西方文化更强调独立生活、自我发展的理念，与子女一般不愿意居住在一起，老年人也没有将房屋当作财产留给子孙的传统，且美国的遗产税税率相当高，也鼓励了美国老年人将住房资产用于养老消费。此外，美国老年人大多性格外向，容易在新的社区中与邻居打成一片，这种文化背景使得美国老年社区开发自然拥有了相当大的市场空间。

三是城市布局方面的不同。我们需要看到，美国中高收入者通常选择在郊区居住，同时美国城市市区与郊区的发展程度（包括公共设施配套）不像中国那样有明显差距。美国是一个"车轮子上的国家"，在中青年时，美国人习惯在郊区的房子居住，驾车去城里上班，平常则去周边的商业服务区满足购物、娱乐等消费需要。但老年人在退休后，已不需要进城去工作，美国一般城市功能分散的空间布局环境已不适合老年人居住，因此，将自我发展、社交、居住、商业服务等各种功能集聚在一起的老年社区，很受老年人的欢迎，于是在美国各地蓬勃发展起来。这实际上也弥补了美国城市功能分散布局的一个"系统漏洞"。但我国的城市空间布局与美国是不同的，中青年人在退休前本来就居住在一个功能相对紧凑的区域内；相比于美国老年人退休后搬入老年社区，是从郊区搬到郊区，我国的许多中高收入者，原本就住在市区，退休后要入住老年社区，需要从发展程度高、公共服务配套完善的市区搬到发展程度相对较低、公共服务配套不如城里的郊区。这些中美国情上的差距，或许在一定程度上会限制郊区化的社区养老模式在中国发展的市场需求空间。

四是制度环境方面的不同。在美国，老年住宅的建设在质量和数量上都超过了其他国家，除了良好的市场运作之外，有力的社会保障体系也是重要原因。此外，制度完善能让市场投资者有信心投资回报期较长的项目，公司立足长远的发展，也会令其更专注于提高服务质量，从而赢得市场信誉。相反，对于我国来说，如果在市场上不能对养老产业获得稳定的政策预期，多数企业就会更倾向于"短平快"的、以养老为概念的地产项目，而非真正有心长期致力于养老社区的发展建设。

八 结论与建议

如何汲取美国的有益经验，同时充分认识中美在制度、文化、发展阶段上的差异，从而走出一条适合我国国情的养老社区发展之路？通过这次考察，我们有了更深入的思考与认识，特就此而提出以下的想法与建议。

一是为了未来中国式养老模式的普遍形成，政府应积极鼓励有条件的地方或企业进行模式探索与创新，尽快推动养老宜居城镇与社区的改革试点工作，可考虑在有代表性的大城市郊区（如北京、上海），选择条件适宜的城镇，进行养老宜居城镇建设的改革试点，作为尝试政策磨合的实验田。从美国经验看，往往也是先由一两个企业在养老市场培育的初始阶段，探索出了符合国情的成功模式，然后才在全国范围内推广开的。由于我国地域广阔，一个地方模式探索的成功，将有极大的正外部性，因此，这是一项看似局部却关系全局、关系长远的改革举措。

二是中国养老产业的市场发育尚处在起步阶段，不能像美国那样单纯靠市场运作，而是需要政府与市场合作，美国也是伴随市场的逐步成熟而政府逐步退出的。我国目前的养老保险和医疗保障制度尚不健全，大多数人退休后的退休金并不高，同时在现有的土地供给价格下，单纯靠市场化机制运作，将导致老年社区住房价格高出老年人的支付能力，因此，政府应在土地价格、养老地产税收等方面给予养老社区开发项目以一定的政策扶持。

三是中国经济发展已进入"新常态"阶段，政府投资的重点应更多转向扶持那些具有市场增长前景、前期投资不足、宏观经济效益高、能体现民生关怀的产业项目。养老社区开发正是属于这样的项目，应成为未来政府资金支持的重点。以养老社区开发为龙头，带动整个养老产业发展起来，将为我国经济在新的时期开辟出新的内需增长源头发挥重要作用。

四是政府部门需要将鼓励养老产业发展的政策纳入国家战略与立法的高度，完善相关的政策法规，明确相关优惠政策，从而给市场投资者以长期的稳定预期与信心，促使养老市场有更多的民营实力企业进入，并为养老产业营造出鼓励"百年老店"模式的制度环境。

五是开发企业在管理与人员培训方面，可与美国相关的品牌企业合作，直接引进其已发展成熟的经验，打造国际化管理与服务水准（这也是目前中美养老社区的主要差距所在）。

六是由于中国人在社交上更依赖固有朋友圈，在需求引导方面，可以鼓励亲友、同事、朋友组团迁入的方式，或与机关企事业单位合作，对接其职工退休后的郊区养老住房需求。

七是针对中国老年人与子女间的亲情纽带不同于西方老年人，需放宽养老社区年轻人入住的限制，创造便于子女探亲、团聚的住宿条件。也可探索更适合中国国情的综合社区（如美国的 La Floresta 社区）开发模式；建设部分老年人与年轻人混合居住的小型独立社区，在户型设计上，要考虑老年人与子女合住的国情，更多配建三居的住房。

八是应发挥中国特有传统养生文化的优势，打造中华养生文化气息浓厚的社区。依托养老社区，推动传统养生产业的发展；可与相关的品牌联手合作，推出养生项目，让更多老年人能够以积极健康的生活方式，安享身心健康的晚年。

九是为提升项目影响力，可策划在养老城镇举办全国或区域性的主题活动，如老年养生与心理健康论坛、老年桥牌比赛、老年交际舞比赛、养老服务高科技产品展览节等，以此提升其市场知名度与影响力。也可参照 Villages 的做法，依托养老社区，推出一些面向老年人的短期度假项目。

十是在住宅类型上，也应借鉴美国老年社区开发商的经验，先要明确项目的市场定位，以此来规划社区的建筑业态、房屋户型，以及总体风格及配套设施；如果定位于高收入阶层，则应以低密度、独立式住房为主；如果定位于中等收入阶层，则应以多层公寓式住宅为主。

参考文献

中文参考文献

尹翔硕、尹翔康：《资本积累、模仿与创新——从美国和日本的经济发展看落后国家如何赶超》，《复旦学报》（社会科学版）2001年第4期。

韩毅、张兵：《美国赶超经济史》，经济科学出版社，2006。

邹东颖：《后发优势与后发国家经济发展路径研究》，经济科学出版社，2009。

辛晓维：《浅谈美国政府在市场经济中的作用》，《统计与预测》2001年第1期。

何自力：《加强国家干预：美式市场经济在转型》，《红旗文稿》2013年第2期。

李颖：《英国市场经济下的计划调控》，《商品与质量》2012年第S2期。

雷成群、曾涓：《从"市场失败"和"政府失败"看英国政府职能的转变》，《华商》2007年第22期。

〔日〕青木昌彦：《政府在经济发展中的作用》，《改革》1997年第5期。

陈平：《中国道路的争议与新古典经济学的迷思》，《政治经济学评论》2012年第2期。

胡云超：《英国经济体制市场化改革效果比较分析》，《欧洲研究》2005年第4期。

孔田平：《东欧经济改革之路——经济转轨与制度变迁》，广东人民
　　出版社，2001。

苏振兴：《对拉美国家经济改革的回顾与评估》，《拉丁美洲研究》
　　2008 年第 4 期。

张立：《印度经济发展模式的经验及教训》，《天府新论》2009 年第
　　5 期。

张海玉、刘平：《论美国自由市场经济与国家干预的博弈》，《未来
　　与发展》2012 年第 11 期。

李新、沈志义：《普京时期俄罗斯经济政策的调整》，《上海财经大
　　学学报》2007 年第 4 期。

李雪松：《政府在东亚经济发展中的作用——一个理论性概述及对中
　　国经济发展的启示》，《经济理论与经济管理》1997 年第 3 期。

陈玉荣：《德国社会市场经济体制述评》，《世界经济》1996 年第 1 期。

王学武：《当代美国投资研究》，经济管理出版社，2001。

刘大志：《西方资本形成理论发展综述》，《当代经济研究》2003 年
　　第 7 期。

杨飞虎：《公共投资腐败治理的国际经验与借鉴》，《经济社会体制
　　比较》2010 年第 4 期。

任树本、江显华：《美国政府投资项目监管的特点及启示》，《中国
　　投资》2001 年第 4 期。

李健盛：《政府公共投资的国际比较及启示》，《经济纵横》2008 年
　　第 6 期。

周天勇：《中美财税立法体制及支出结构比较》，《财贸经济》2005
　　年第 6 期。

赵连友：《美、日地方公债制度的比较研究及其借鉴》，《郑州经济
　　管理干部学院学报》2007 年第 1 期。

〔美〕费雪：《州和地方财政学》，吴俊培译，中国人民大学出版社，
　　2000。

张海星:《美、日地方公债及启示》,《财经问题研究》2001 年第 2 期。

张志华等:《国外地方政府债务管理情况综述》,《经济研究参考》
　　2008 年第 22 期。

王卉彤:《地方政府融资手段》,新浪财经网,2006 年 2 月 22 日。

李建英、于科鹏:《地方政府财政危机国际经验综述》,《国际经贸
　　探索》2007 年第 10 期。

楚钢:《以邻为鉴:美国地方债券市场对中国的启示》,新华网,2009
　　年 6 月 8 日。

廖理、朱正芹:《从金融产品创新看美国体育场馆融资》,《国际经
　　济评论》2004 年第 5 期。

宋慧中、侯世宇:《欧美在金融危机中的政策选择及其启示》,《中
　　国货币市场》2009 年第 3 期。

郑新蓉:《公共教育的平等理念与制度》,《教育研究与实践》2000
　　年第 1 期。

廖楚晖、唐里亚:《政府教育支出有关问题的研究》,《财贸经济》
　　2003 年第 1 期。

吕炜:《中国教育经费投入问题解析》,《中国财经报》2005 年 3 月
　　8 日。

吴建华:《日本战后的教育投资与经济增长》,《西南师范大学学报》
　　(哲学社会科学版) 1994 年第 3 期。

高如峰:《法国义务教育投资研究》,《教育研究》1999 年第 12 期。

王雅文:《教育投资的国际比较与思考》,《中国高教研究》2001 年
　　第 10 期。

纪万师:《日本公共卫生机制重在引入竞争》,《中国经济导报》2003
　　年 6 月 11 日。

张元红:《农村公共卫生服务的供给与筹资》,《中国农村观察》2004
　　年第 5 期。

李秋芳:《世界主要国家卫生绩效对比分析》,《医学研究通讯》2005

年第 7 期。

张明正:《全民健康保险满意度调查》,台湾省家庭计划研究所,1997。

关柯:《当代美国住宅的思考》,《建筑管理现代化》2004 年第 3 期。

陈聪:《美国房地产泡沫破裂的警示》,新地产网站,2009 年 10 月 18 日。

陈玉京:《中美住房金融理论与政策》,人民出版社,2009。

〔美〕丹尼尔·格罗斯等:《美国房地产泡沫成因》,《价值与财富》 2008 年第 4 期。

〔日〕横山寿一:《社会保障的市场化与营利化》,新日本出版社,2003。

范健:《福利多元主义视角下的社区福利》,《华东理工大学学报》 (社会科学版) 2005 年第 2 期。

吴玉霞:《政府购买居家养老服务的政策研究——以宁波市海曙区为 例》,《中共浙江省委党校党报》2007 年第 2 期。

桑永旺:《国外养老服务经验可鉴》,《社会福利》2006 年第 11 期。

毕素华等:《发展民办养老机构的若干思考》,《苏州大学学报》(哲 社版) 2005 年第 5 期。

〔俄〕波兹南斯基:《全球化的负面影响——东欧国家的民族资本被 剥夺》,佟宪国译,经济管理出版社,2004。

宋军:《跨国并购与经济发展》,中国财政经济出版社,2004 年 8 月。

史建三:《跨国并购论》,上海立信会计出版社,1999。

胡峰等:《跨国并购与新设投资的比较——一个经济学分析框架》, 《财经研究》2003 年第 2 期。

姜鸿:《国外吸引外资的经验教训及武汉的借鉴》,《中南财经政法 大学学报》2005 年第 2 期。

孙笑华:《发展中国家和地区外资并购情况及其启示》,《国际经济 合作》2004 年第 12 期。

康君:《外商投资与国家安全战略选择》,《中国国情国力》2005 年 第 11 期。

吴树青等：《〈全球化的负面影响——东欧国家的民族资本被剥夺〉出版发布会暨理论研讨会纪要》，《国外理论动态》2004 年第 9 期。

胡峰：《美国对跨国并购的监管制度及启示》，《经济纵横》2003 年第 5 期。

余振武：《非正规金融发展的国际比较研究》，硕士学位论文，山东大学，2005。

贺力平：《合作金融发展的国际经验及对中国的借鉴意义》，《管理世界》2002 年第 1 期。

王劲松：《非正规金融市场研究——微观结构、利率与资金配置效率》，博士学位论文，复旦大学，2004。

熊继洲、罗得志：《民营银行：台湾的经验与教训》，《金融研究》2003 年第 2 期。

王革：《中国转轨时期民间金融研究》，博士学位论文，中国社会科学院，2002。

裴天士：《从民间金融组织到正规金融机构——谈台湾中小企业融资之问题》，《东岳论丛》2005 年第 5 期。

英文参考文献

Simon Kuznets, *Capital in the American Economy：Its Formation and Financing* (Princeton：Princeton University Press, 1961).

Simon Kuznets, "International Differences in Capital Formation and Financing," *Numerical Heat Transfer Part A Applications* 8 (1995)：763 – 790.

U. S. Department of Commerce, Bureau of Economic Analysis, *Fixed Assets and Consumer Durable Goods in the United States, 1925 – 1999* (Washington D. C.：U. S. Government Printing Office, 2003).

Leo Grebler, David M. Blank, Louis Winnick, *Capital Formation in Residential Real Estate：Trends and Prospects* (Princeton：Princeton University Press, 1956).

Daniel Creamer, Sergei Dobrovolsky, Israel Borenstein, *Capital in Manufacturing and Mining: Its Formation and Financing* (Princeton: Princeton University Press, 1960).

Melville J. Ulmer, "Capital in Transportation, Communications, and Pulbic Utilities: Its Formation and Financing," *Review of Economics & Statistics* 3 (1960): 69 – 76.

Christopher Chantrill, *Derivation of UK Public Spending for 1900 – 1950*, usgovernment spending. com, 2011 – 8 – 29.

Christopher Chantrill, *US Government Spending History from 1900*, usgovernment spending. com, 2011 – 8 – 29.

Riccardo Rovelli, Economic Policies for A Two-Sided Crisis: Complexity is Hard to Manage, but Don't Give up, riccardo. rovelli@ unibo. it.

Shahin Yaqub, *How Equitable is Public Spending on Health and Education*? Background Paper to WDR, 2000.

S. Kalra, "An Investment in Children's Health, Nutrition and Education is the Foundation Stone for all National Development," *Indian Journal of Maternal and Child Health* 3 (1991).

Jayati Ghosh, *Increasing Public Expenditure on Education*, macroscan. net, 2005.

N. V. Varghese, "Reforming Education Financing," *Séminaire Octobr*, 2000.

D. Bestecher, R. Carr-Hill, *Primary Education and Recession in the Developing World Since 1980* (Paris: UNESCO, 1990).

Tan, Jee-Peng, *Financing Education in Developing Countries* (Washington D. C. : World Bank, 1986).

B. C. Sanyal, "Education in a Period of Change and Adjustment: Some International Perspectives," *Educational Planning and Administration* 2 (1992).

Dr. Jarl Bengtsson, Higher Education: Trends and Challenges, OECD.

Berman, Peter A. , Financing of Rural Health Care in India: Estimates of Resources Available and Their Distribution, International Workshop on Health Insurance in India (India, Banglore: IIM, 1995).

Tu-Bin Chu et al. , "Household Out-of-Pocket Medical Expenditures and National Health Insurance in Taiwan: Income and Regional Inequality," *Bmc Health Services Research* 1 (2005).

M. Whitehead, "The Concepts and Principles of Equity and Health," *International Journal of Health Services* 3 (1992).

Charu C. Garg, Equity of Health Sector Financing and Delivery in India, researchgate. net, 1998.

B. C. Sanyal, "Education in a Period of Change and Adjustment: Some International Perspectives," *Educational Planning and Administration* 2 (1992).

E. Harris et al. , "Achieving Equity in the Australian Healthcare System," *Medical Journal of Australia* 9 (2003): 475 – 478.

Ha-Joon Chang, "Foreign Investment Regulation in Historical Perspective," *European Journal of Development Research* 3 (2004).

Pedro da Motta Veiga, *Foreign Direct Investment in Brazil: Regulation, Flows and Contribution to Development*, researchgate. net, 2004.

Nicola Phillips, *Globalization and the "Paradox of State Power": Perspectives from Latin America* (Coventry: University of Warwick, CSGR, 1998).

Aminatyabji, *World Investment Report* 2000: *Cross-Border Acquisitions and Development* (Geneva: United Nations Conference on Trade and Development, 2000).

Green Richard K. , "Follow the Leader: How Changes in Residential and Non-Residential Investment Predict Changes in GDP," *Real Estate E-*

conomics 2 （2010）：253 – 270.

Gauger Jean, Coxwell Snyder Tricia, "Residential Fixed Investment and the Macroeconomy: Has Deregulation Altered Key Relationships? " *Journal of Real Estate Finance & Economics* 3 （2003）：335 – 354.

Edward E. Leamer, "Housing is the Business Cycle," *Social Science Electronic Publishing* 3 （2007）：149 – 233.

John D. Benjamin , Peter Chinloy , G. Donald Jud, "Real Estate Versus Financial Wealth in Consumption," *Journal of Real Estate Finance & Economics* 3 （2004）：341 – 354.

Pozdena, R. J. , "Do Interest Rates still Affect Housing?" *Economic Review* 3 （1990）：3 – 14.

K. E. Dynan et al. , "Can Financial Innovation Help to Explain the Reduced Volatility of Economic Activity?" *Journal of Monetary Economics* 1 （2006）：123 – 150.

A. M. Hillhouse et al. , *Revenue Estimating by Cities* , Chicago: Municipal Finance Officers Association of the United States and Canada, 1965.

J. M. Poterba, *Fiscal Institutions and Fiscal Performance*, Chicago: University of Chicago Press, 1999.

图书在版编目（CIP）数据

国外投融资体制研究与借鉴／林勇明著. -- 北京：
社会科学文献出版社，2018.10
ISBN 978 - 7 - 5201 - 3280 - 0

Ⅰ.①国… Ⅱ.①林… Ⅲ.①投融资体制 - 研究 - 国
外 Ⅳ.①F830.59

中国版本图书馆 CIP 数据核字（2018）第 185779 号

国外投融资体制研究与借鉴

著　　者／林勇明

出 版 人／谢寿光
项目统筹／恽　薇　高　雁
责任编辑／冯咏梅　吴丽平

出　　版／社会科学文献出版社·经济与管理分社（010）59367226
　　　　　　地址：北京市北三环中路甲 29 号院华龙大厦　邮编：100029
　　　　　　网址：www.ssap.com.cn
发　　行／市场营销中心（010）59367081　59367018
印　　装／天津千鹤文化传播有限公司

规　　格／开　本：787mm × 1092mm　1/16
　　　　　　印　张：16.5　字　数：216 千字
版　　次／2018 年 10 月第 1 版　2018 年 10 月第 1 次印刷
书　　号／ISBN 978 - 7 - 5201 - 3280 - 0
定　　价／79.00 元